马克思主义经典著作解读丛书

Makesi Zhuyi Jingdian Zhuzuo Jiedu Congshu

主编 / 王为全

马克思主义的矛盾观

《矛盾论》

解　读

刘冠婵◎编著

中国出版集团

现代出版社

图书在版编目（CIP）数据

马克思主义的矛盾观：《矛盾论》解读／刘冠婵编著. —北京：现代出版社，2016.1 （2025.1重印）

ISBN 978 - 7 - 5143 - 1703 - 9

Ⅰ. ①马…　Ⅱ. ①刘…　Ⅲ. ①《矛盾论》- 毛泽东著作 - 研究

Ⅳ. ①A841.24

中国版本图书馆 CIP 数据核字（2014）第 071975 号

作　　者	刘冠婵
责任编辑	王敬一
出版发行	现代出版社
通讯地址	北京市安定门外安华里 504 号
邮政编码	100011
电　　话	010 - 64267325 64245264（传真）
网　　址	www.1980xd.com
电子邮箱	xiandai@cnpitc.com.cn
印　　刷	三河市嵩川印刷有限公司
开　　本	700mm×1000mm　1/16
印　　张	12
版　　次	2016 年 1 月第 1 版　2025 年 1 月第 3 次印刷
书　　号	ISBN 978 - 7 - 5143 - 1703 - 9
定　　价	48.00 元

引　言

《矛盾论》是毛泽东论述唯物辩证法的一篇最重要的著作。这篇著作和他同时期发表的《实践论》的问世，标志着毛泽东哲学思想的成熟，从而为我们党确立事实求是，一切从实际出发，理论和实践相结合的辩证唯物主义思想路线奠定了理论基础。

《矛盾论》是为了彻底清算王明代表的教条主义思想路线，毛泽东在长征到达延安后，于1937年8月发表的一部重要著作，系统地阐述了唯物辩证法的对立统一规律，特别着重地论述了矛盾的普遍性和特殊性相互关系原理，这一原理是矛盾问题的精髓，为在实践中把马列主义的普遍真理同中国革命的具体实践相结合提供了科学的方法论。此外，本书还论述了矛盾论的思想来源、形成发展过程、两种宇宙观、矛盾统一性和斗争性辩证关系原理、矛盾是事物发展的源泉和动力、矛盾发展的不平衡性及坚持"两点论"和"重点论"相统一。

本书的写作是为了让更多的读者来了解毛泽东的《矛盾论》思想，包括广大青少年读者。因此，在写作过程中，力求把哲学的语言用生活化的语言来解读，力求做到通俗易懂、老少皆宜、雅俗共赏。为了做到这一点，本书尽量把枯燥晦涩的哲学道理融化到形象生动的历史故事、名言典故之中。并且，结合我国目前的方针政策来解读矛盾论的思想，力图做到让广大读者站在哲学的高度更深层次地理解和把握我国方针政策的正确性和有效性。

鉴于本人的知识水平与写作能力有限，内容在语言表达、逻辑推演上存在的问题，还请广大读者多加指正，并给予宝贵意见，一定及时采纳，使之更加完善。

目　录

第一章 《矛盾论》的相关问题简介

第一节 伟人毛泽东

"江山代有才人出，各领风骚数百年。"

一代伟人毛泽东，历经沧桑数十年，不仅成就了一世英名，而且改变了中华民族的历史命运，给后人留下了取之不竭的精神财富。

毛泽东，字润之，笔名子任。1893 年 12 月 26 日生于湖南湘潭韶山冲一个农民家庭。1976 年 9 月 9 日在北京逝世。

毛泽东是伟大的革命家，政治家。1911 年辛亥革命爆发后，毛泽东加入了湖南起义新军。1920 年，发起组织新民学会和俄罗斯研究会，积极宣传马克思主义。同年在湖南创建共产主义小组。1921 年 7 月，出席中共一大。1923 年 6 月，出席中共三大，参加中央领导工作。1924 年参与中共帮助孙中山改组国民党的活动。1926 年主办第六届广州农民运动讲习所。11 月到上海担任中共中央农民运动委员会书记。在国共合作破裂后，毛泽东提出"枪杆子里出政权"

的著名论断，即以革命武装夺取政权的思想。"八七会议"之后，毛泽东到湖南、江西边界领导了秋收起义，之后率部上了将冈山，建立了第一个农村革命根据地，在根据地开展了土地革命。1828 年 4 月，毛泽东与朱德领导的起义部队在井冈山会师，成立了工农革命军第四军，不久改称红军。毛泽东开始从中国的实际出发，在国民党政权统治力量比较薄弱的农村发展武装斗争，开辟出一条符合中国国情的革命道路，即以农村包围城市、最后夺取城市和全国政权的道路，并对这一道路作了理论论述。1931 年 11 月 7 日，中华苏维埃共和国临时政府在江西瑞金成立，被选为主席。从 1930 年底起，同朱德领导红一方面军先后粉碎了国民党的四次大规模军事"围剿"。随后，在中央革命根据地，以王明为代表的"左"倾错误路线占据了上风，毛泽东被排斥于党和红军的领导之外，导致了第五次反"围剿"的失败，之后红军被迫进行战略转移。遵义会议后，确立了毛泽东的领导地位。他领导中国人民先后取得了抗日战争、解放战争的胜利，为新中国的成立及新政权的巩固、社会主义建设做出了不可磨灭的贡献。

毛泽东不仅是伟大的革命家、政治家，而且是伟大的思想家。他一生，著作丰富，在革命的不同时期，结合中国的不同实际，提出很多高瞻远瞩的思想。他的很多经典理论都成了中国革命的真理，他能站在更高的高度去分析问题，解决问题。比如在大革命时期，毛泽东著有《湖南农民运动考察报告》《中国社会各阶级的分析》等。土地革命时期的著作有《中国的红色政权为什么能够存在》《星星之火可以燎原》《反对本本主义》，在 1937 年夏，他的《实践论》和《矛盾论》问世。抗日战争时期，毛泽东发表了《论持久战》《〈共产党人〉发刊词》《新民主主义论》等著作。以及之后的

《论人民民主专政》《论十大关系》《关于正确处理人民内部矛盾的问题》。他的著作是时代的产物，是对中国现实的深刻反映，闪烁着智慧的光芒，指引着中国革命取得一步又一步的胜利。毛泽东之所以著作丰富，思想深刻，其中一个重要的原因就是他有着渊博的学识，博览群书的读书精神。他从小就爱读书，虽然身处乱世，但仍能读书不辍，从课堂上的四大名著、《盛世危言》到《新民丛报》《世纪英雄豪杰传》，从胜利图书馆墙壁上《世界堪舆图》到后期的《伦理学原理》。他读书爱读经典之作，他的《毛泽东选集》中的引文、成语、典故很多来自于《左传》《尚书》《孟子》《史记》《论语》《礼记》《诗经》等。毛泽东还特别注意读书的方法，以四大名著为例，他是通过这样的方式来读的：把《水浒传》当作一部政治书看；看《西游记》中有个坚强的信仰；看《三国演义》，不但要看战争、看外交，还要看如何组织；看《红楼梦》是要读历史，从中窥探出封建社会的本质。当别人赞扬毛泽东是天才时，他这样说道："我不是天才，读了六年孔夫子，读了七年资本家的洋学堂，我到二十五岁那一年，正是一九一八年才开始读马列主义。"他读书不仅勤奋刻苦，而且谦虚不自满。

　　毛泽东之所以伟大，是因为他能够忍受常人难以忍受的痛苦与烦恼，正所谓"保剑锋从磨砺出，梅花香自苦寒来"。我们不仅要看到他超凡的素养和令人望尘莫及的成就，更应该看到他成功背后为之付出的艰辛与付出。他一生为革命事业而奋斗不止，而他的家庭不得不退居第二位。很多的亲人也付出了生命的代价。他的两个弟弟、一个妹妹以及他的堂弟和他的第一任妻子为了革命献出了宝贵的生命。他拒绝特权，抗美援朝战争爆发后，他把自己的儿子作为首批志愿军送到前线参加抗美援朝，当别人劝阻时，他却说："谁叫他是毛泽东的儿子！他不去，谁去?"。当得知儿子毛岸英在战场上牺牲的消息，毛泽东说:"岸英就是属于牺牲了的成千上万革命烈士中的一员，一个普通的战士。不要因为是我的儿子，就不该为中朝两国人民的共同事业而牺牲，战争嘛，总是要死人的。"亲友托他找工作，他一律言辞决绝。他女儿上学，不准用公车接送；他光明正大，襟怀坦白，大公无私；他公私分明，廉洁奉公，他逝世时没有给子女留下任何家产、存款；他自奉节俭，在三年困难时期，与老百姓同甘共苦，舍弃他最爱吃的红烧肉，带头降工资，在全国进入困难时期后，他第一个把自己的工资从610元降到404元。同时，宣布"三不"：不吃肉，不吃蛋，吃粮不超定量。他和老百姓一样饥肠辘辘，甚至腿脚都常常浮肿。他的睡衣、拖鞋一穿就是20多年，补了又补。徐松林在《回忆红军时代的毛主席和朱总司令》中提到，毛泽东"只有一床旧的棉被，棉被和布不到3斤，晚上睡觉有时用禾草做枕头，没有禾草就用土砬、石头做枕头。只有两套衣服，打了许多补丁，生活和战士们一样艰苦朴素。反围攻时天天行军，常常十天半个月不能换洗。很少见他穿过袜子，总是光着脚穿一双烂布鞋子"。在陕北，冬天时，警卫员要求给毛泽东换件衣服，毛泽东说:"我不是已经有棉衣了吗？现在地区的经济还很困难，大家的生活都很艰苦，我们应该带头省吃俭用。我节约一件衣服，前方战士就能多发一颗子弹。"这就是伟人的生活，伟大就体现在简简单单的生活方式之中，他艰苦朴素的生活作风为我们树立了榜样，是毛泽东留给我们的宝贵的精神财富。

第二节 《矛盾论》的写作背景

任何哲学思想的产生和形成都不可能超越时空而诞生出真知灼见，都是与它当时的时代条件息息相关的。同样，毛泽东的矛盾论思想也离不开时代为他提供的土壤。其《矛盾论》正是他生活时代的产物。

1840 年爆发的第一次鸦片战争标志着中国近代史的开端，中国近代史是一部屈辱史，更是一部抗争史。随着帝国主义的入侵，中国逐步沦落为半殖民地半封建社会，帝国主义与中国封建势力、官僚资本相勾结，利用其政治、经济及其他方面的优势，残酷压迫中国人民，成了压在中国人民头上的"三座大山"。因此，当时的中国是一个政治经济发展极端不平衡的半殖民地半封建国家，帝国主义的矛盾和中国社会内部的各种矛盾错综复杂地交织在一起，成了东方乃至世界各种矛盾的聚焦点。毛泽东在《星星之火，可以燎原》中对此作了极为生动的描绘："国际上帝国主义相互之间、帝国主义和殖民地之间、帝国主义和它们本国的无产阶级之间的矛盾是发展了，帝国主义争夺中国的需要就更迫切了。帝国主义争夺中国一迫切，帝国主义和整个中国的矛盾，帝国主义者相互间的矛盾，就同时在中国境内发展起来，因此就造成中国各派反动统治者之间的一天天扩大、一天天激烈地混战，中国各派反动统治者之间的矛盾，就日益发展起来。"在这诸多矛盾中，中华民族与帝国主义，人民大众与封建主义的矛盾是中国近代的主要矛盾，前者是最主要的矛盾。

主要矛盾决定了主要任务——反对帝国主义和封建主义的压迫。中国人民反帝反封建的民族民主运动风起云涌。其中孙中山先生领导的资产阶级民主革命，结束了中国两千多年的封建王朝统治，但由于中国资产阶级"先天不足后天畸形"的天性，使它具有两面性的特点：既具有革命性的同时又对帝国主义和封建势力具有很强的依赖性，这就注定了它失败的结局。历史证明资本主义道路在中国是走不通的，资本主义救不了中国。中国人民如何摆脱半殖民地半封建的状况，如何实现民族独立、国家富强，成为中国近代以来的历史任务。俄国十月革命一声炮响，给中国送来了马克思主义，给中国和中国人民带来了希望，从此中国革命进入了一个新的时期。革命的实践产生革命的理论，革命的理论指导革命的实践。十月革命给我们带来的马克思主义，无疑是中国无产阶级革命的行动指南，但在如何正确对待、运用马克思主义的问题上，中国共产党内曾出现过两种截然不同的观点。

《矛盾论》写于 1937 年 8 月，当时，中国共产党领导的新民主主义革命已经历了北伐战争和土地革命战争两个时期，正面临着由国内革命战争向抗日战争的转化。如何正确总结党的历史经验，吸取教训，争取抗日战争伟大胜利，是摆在全党面前的一项重要任务。

在中国共产党的成长过程中，教条主义和经验主义两种错误思潮都曾出现，尤其是教条主义给我党造成了不可估量的损失。教条主义思想深受前苏联德波林学派唯心论的影响，片面夸大书本知识的作用，轻视感性经验，轻视实践，只知生吞活剥马克思书本中的只言片语，用形而上学代替辩证法，只能看到矛盾的普遍性却忽视矛盾的特殊性，把马克思主义当作一般性结论和僵死的教条到处生搬硬套。教条主义表现在以下几个方面：在思想上，教条主义把马克思主义基本原理教条化，把共产国际和前苏联经验神圣化，认为凡是上了书的就是对的，一律要照搬照套。在政治上，他们教条主义地套用斯大林的模式，把斯大林用于苏联的一系列方针政策照搬到中国，拒绝把马克思主义普遍原理同中国具体革命实践结合起来，把中国的民族资产阶级、上层小资产阶级看作打击对象，急于把民主主义革命和社会主义革命"毕其功于一役"。在革命道路上，采取城市起义带动农村的革命道路。这条道路适合苏联的实际情况，却不符合中国当时的国情，教条式的套用几乎断送了中国的革命事业。在军事上，他们教条主义地对待俄国军事经验，主张打正规战，要求"全线出击"，"两个拳头打人"，"御敌于国门之外"。在组织上，他们教条主义地对待外国党的经验，把他们的某些不良作风搬到中国来，搞"残酷斗争，无情打击"。经验主义者则拘守于自身的片面经验，认不清革命全局，轻视革命理论的指导作用，具有极大的盲目性。不管是教条主义，还是经验主义，它们都是以主观和客观相分裂，理论和实践相脱离为特征的主观主义，在指导革命实践时，或表现为右倾投降主义，或表现为"左"倾冒险主义，其结果分别导致了第一次国内革命战争的失败和红军第五次反围剿的惨败。1935 年 1 月召开的遵义会议，虽然结束了王明"左"倾冒险主义在党中央的统治，确立毛泽东在全党和全军中的领导地位，但限于当时的条件和党内的认识水平。遵义会议只解决了当时最紧迫的任务，即从组织上和军事上结束"左"倾错误在党中央的领导，但没有来得及从理论上和思想上对其进行彻底的清算。

中央红军到达陕北后，中国共产党正面临着领导抗日战争的历史重任。为迎接中国革命的新高潮，夺取新的胜利，中国共产党不仅要有政治上、军事上、组织上的准备，而且要有思想上的准备。

思想上准备的最重要内容，就是彻底清算党内"左"倾和右倾错误，分清是非，统一认识，教育干部，提高全党的马克思主义水平。为此，毛泽东以极大的热情顽强地攻读了马列主义哲学理论，在吸收前苏联20世纪30年代哲学研究成果和中国优秀的传统哲学思想的基础上，结合中国的革命经验，特别是30年代反对教条主义和经验主义的丰富经验进行哲学理论创作，终于在1937年8月完成了《矛盾论》的写作。《矛盾论》不仅论述和发展了马克思主义辩证法，从理论上系统地清算了主观主义、形而上学，并且在实践中指导全党树立正确的思想路线，以利于更好地团结朋友，准确地打击敌人。这正如毛泽东所说："我们在第二次国内革命战争末期和抗战时期写了《实践论》和《矛盾论》，这些都是适合当时需要不能不写的。"可见，《矛盾论》的写作有着深刻的历史背景和现实原因。

第三节　毛泽东矛盾思想的历史基础

哲学是现实斗争的总结和升华，又是人类认识成果的继续和发展。恩格斯说："每一个时代的哲学作为分工的一个特定的领域，都具有由它的先驱者传给它，而它便由此出发的特定的思想资料作为前提。"任何一个哲学家，如果不从一定的思想资料出发，就不可能形成自己的哲学思想或哲学体系。同样，毛泽东的矛盾哲学思想的产生、形成、发展也是对以往中外辩证法思想继承创新的结果。

一、早年毛泽东的矛盾思想

毛泽东的矛盾观从产生到形成，经历了一个漫长的过程。如果从 1913 年他进湖南第一师范学习时算起，到 1937 年发表《矛盾论》止，经历了 24 年的时间。他后来的完整的科学的矛盾观，是从他早期的朴素的矛盾思想发展而来的。他早期的矛盾思想萌芽，集中体现于 1917 年至 1918 年他在德国康德主义者泡尔生写的《伦理学原理》所作的批语中。

毛泽东在这本书中阐述的思想如下：宇宙间万事万物的差别，都不过是其表象的不同，以及每个人观察和适应的方法不同。它们的本质只有一个。它们的形状如阴阳、上下、大小、高卑、彼此、人己、好恶、正反、洁污、美丑、明暗、胜负等等不同，都是这样（都不过是其表象的不同，以及因每个人观察和适应的方法不同而产生的不同）。我们不同的精神生活，就是因这种差别构成的，没有这种差别就不能构成历史生活。（人类）在进化中产生很多的差别，有差别然后才有语言，才有思想，没有差别就没有语言，没有思想。毛泽东又指出：差别之所以会产生，是因为每个人的生活环境都是有限的，在有限的环境中生活的人们，他们的思想也有限，他们的活动也有限，对于客观世界，就以他们思想活动所能达到的领域而划分出来，于是形成了有差别的世界。毛泽东如上的表述就是说，世界万物都有自己的特点和界限，它们所以如此，就是因为在每种形式的物质运动中，都有它固有的矛盾的特殊性，所以，才能使这一事物与那一事物之间存在本质的区别。可以看出，这些思想被之后写作《矛盾论》所继承与吸收。

　　毛泽东不仅认为人世间的一切事情都是因为在差别中比较才能发现它们的实质，而且还用这种矛盾观来观察社会现象。所以，他认为人类社会充满着矛盾。毛泽东认为：因为不平等和不自由（永远存在），所以战争也会和天地一样，不会消失。所以人世间纯粹意义上的平等、自由和博爱应当也不存在。他又写道：治世和乱世是相互交织的，和平和战争也是相互交织的，这是符合自然规律的。自古以来，一个治世连着一个乱世，我们都厌恶乱世而渴望治世，可是却不知道乱世也是历史生活的一个必经的过程。这就是说，人类社会自始至终都存在着矛盾。毛泽东此时虽然还没有明确提出矛盾普遍性的规定，但是已经把矛盾的普遍性作为观察社会和自身的基本方法。有矛盾，就会有斗争，毛泽东也初步地认识到宇宙间的事物和人类历史，都是在对立斗争中发展、变化和运动的。他认为社会历史的发展都是善恶两种不同的势力相互竞争，在时间长河中此消彼长罢了。他在《批语》中写道："我们阅览史书，总是赞叹战国时代、楚汉争霸时代、汉武帝与匈奴竞争的时代、三国时代，（那些时代），事态百变，人才辈出，让人特别喜欢阅读。"泡尔生的《伦理学原理》一书中认为："世界上一切事业以及文明，都来自于相互争斗（矛盾）。"毛泽东非常赞同这一辩证法思想，并举自然现象为例论证说："大河出自潼关，因为有太华山的阻挡，所以水势比以前更为迅猛；大风从三峡穿过，因为有巫山阻隔，所以风力比以前更为犀利。"他对《伦理学原理》中的"人类势力的增加，与外界抵抗力的减弱，其效用本身是相同的"的观点进行了反驳："这种说法是不对的，人类势力增加，外界的抵抗力也增加。有大势力的事物，必然有极大的抵抗在它的前面。""大抵抗对于大势力而言，如同普通抵抗对于普通人是一样的。例如新大陆对于哥伦布，洪水对于大禹，欧洲各国群起围攻巴黎对于拿破仑的胜利。"这就提出矛盾双方之中，有一方反对另一方，必遭到另一方的抵抗，事物就是在这种斗争中发展和运动的。

毛泽东看到了事物在矛盾斗争中发展，又从中看到了矛盾的转化。中国古代许多思想家，多非动主静。毛泽东不同意这种观点，他说："朱子主张敬，陆子主张静。静，安静的意思。敬，不是动，尊敬（也与安静意义差不多）。老子说不动就是威力最大的。释家（佛家）追求寂静。他们追求的都差不多，但是我不敢效仿他们的做法，在我看来，天地之间只有动、没有静。"他认为人之生命在于动，"人类运动的规则就是体育。今天的运动，继承了昨天的运动，又引起明天的运动"。而人的身体是在不断变化发展中，人的身体虚弱这个矛盾，并不是绝对不变，在一定的条件下是可以转化的："又听说弱者很难转化为强者，而今知道这种看法是错误的。这是由于生下来就是强者，会滥用他的力量，而不会自律于各种欲望，以渐渐增长其力量，他们自认为是天生的好身手，如此就足够了，怎么还需要锻炼呢？所以导致强者最终可能会转化为弱者。至于弱者，则总是觉得自身的不足，认为这辈子都无法成为强者，所以总是在努力。在消极的方面，总是远离欲望，不敢使自身有什么损失；在积极的的方面，则努力锻炼，增加其才能不足的一方面，久而久之，于是变为了强者。所以生下来就是强者的人不必沾沾自喜，生下来就是弱者的人也不必感到自卑。"这就是说，强和弱之间并不是绝对的，弱是绝对弱，强是绝对强，而是在一定的条件下互相可以发生转化的。这一关于静动、强弱转化的观点在《矛盾论》中都有阐述。

从上述可知，毛泽东在还没有接受马克思主义的唯物辩证法之前，就已经建立了朴素的矛盾观。虽然这种矛盾观还不能成为观察问题的科学的思想方法，但它却包含着辩证法的矛盾观的萌芽。有了这种思想萌芽作基础，就为转向唯物辩证法的矛盾观有了内在的依据。此时，"毛泽东还不是真正的唯物主义者，更不是成熟的马克思主义者……他的世界观、人生观和价值观，正处在由经验形态向理论形态，即由唯心主义和二元论向唯物主义和辩证法的转变过程中"。毛泽东此时的辩证法的思想要么只是以直观的形式提出，要么只是在论述方式中运用或者在观点中暗含辩证思想，都没有以科学的方式明确提出这一观点。但是，这些观点对他以后思想的发展影响很大。事实证明，毛泽东早期的矛盾观中的积极的因素，都被后来的《矛盾论》所吸收了。

二、毛泽东矛盾思想对中国古代朴素辩证法的继承

1. 毛泽东对"对立统一"理论的继承

毛泽东认为矛盾的普遍性或绝对性这个问题包括两方面的含义。其一是说，矛盾存在于一切事物的发展过程中；其二是说，每一事物的发展过程中存在着自始至终的矛盾运动。他还说："战争中的攻守进退都是矛盾现象。不论是简单的运动形式或复杂的运动形式，不论是客观现象或思想现象，矛盾是普遍地存在着，矛盾存在于一切过程中，矛盾是普遍的、绝对的，存在于一切过程中，又贯穿于一切过程的始终。"

毛泽东强调的矛盾普遍性实际上就是主张时时有矛盾，事事有矛盾。毛泽东这一思想实际上在《周易》《老子》这些古代著作中找到思想来源。比如，《周易》中的的"一阴一阳之谓道"，《老子》

中的"有无相生，难易相成，高下相倾，音声相和，前后相随"。这些思想就包含了朴素的矛盾观点。在《周易》中对阴阳关系进行了描述，把阴阳作为对立的基本范畴，但对矛盾关系描述得相对较少。而在《老子》中朴素矛盾的思想则描述的较多。比如对高下、音声、前后这些矛盾关系的描述，这些都是完全对立的双方。并把他方作为存在的条件。这些思想还得到之后一些思想家的继承与发展。其中，张载、王夫之就对对立的观点作了继承和发挥。而我们在毛泽东的著作中，可以看到毛泽东阐述矛盾普遍性所运用的很多材料、例子都是中国古代朴素辩证法的内容。

2. 毛泽东对"矛盾双方依存和转化"思想的继承

毛泽东说："一切事物中包含的矛盾方面的相互依存和相互斗争决定一切事物的生命，推动一切事物的发展。"矛盾的双方"失去一方，他方就不存在，双方斗争而又连接，推动事物的发展"。

他还说："矛盾的双方相互渗透、相互贯通、相互依赖（依存），互相连接或相互合作。"说的是两种情形：第一，事物发展过程中每一种矛盾的两个方面各以和他对立面为存在的前提，双方共同处于一个统一体中；第二，矛盾的双方依据一定的条件，向着其相反的方面转化。

从这里不难看出，毛泽东的矛盾双方相互依存的思想受中国古代"相反相成""孤阴不长""独阳不生"的思想的影响，这也是中国古代的朴素辩证法的主要内容，中国古代朴素辩证法就包含了大量的矛盾观点。比如天地、阴阳、男女、高下、长短、胜败、成毁、前后，这些都是相互依存的，失去一方，另一方就失去了存在的前提。毛泽东也强调万物内在矛盾双方是相互依存的，并对这一思想作了进一步的丰富和发展。

　　毛泽东认为矛盾双方不仅是相互依存的，而且还可以相互转化。依存是转化的基础，转化是依存的发展。他说："一定的必要的条件具备了，事物发展的过程就发生一定的矛盾，而且这种或这些矛盾互相依存，又互相转换，否则，一切都不可能。"实际上他的这一观点在我国古代朴素辩证法中就有体现，比如"不破不立，不塞不流，不止不行"（意思是：不破除旧的，就不能建立新的；这一方不予以堵塞，另一方就不能顺畅地流淌；同样，这一方不予以阻止，另一方就难以无碍地通行。）；"祸兮，福之所倚；福兮，祸之所伏"（意思是：祸与福互相依存，可以互相转化。比喻坏事可以引出好的结果，好事也可以引出坏的结果）；"正复为奇，善复为妖"（正常与怪异可互相转变，善良与邪恶也能彼此循环）等等。这些朴素辩证法思想都被毛泽东的矛盾思想所吸收。在《周易》和《老子》中都强调了矛盾的对立面是相互依存、相互包含的，破立、塞流、止行、祸福、正奇、善妖都是相互依存的。如果没有破、塞、止、祸、奇、妖，就没有立、流、行、福、正、善——一方是以对方为存在条件的。同时他们也是相互包含的，破、塞、止、祸、奇、妖就内在地包含在立、流、行、福、正、善之中，当然立、流、行、福、正、善也包含在破、塞、止、祸、奇、妖之中。即矛盾双方是内在彼此包含的关系。这为矛盾双发转化提供了可能性，只要条件一旦具备，双方就会发生现实的转化。

三、毛泽东矛盾思想对黑格尔矛盾思想的超越

　　本节主要是通过介绍黑格尔的矛盾思想，用来与毛泽东的矛盾

思想作对比,比较其异同。黑格尔的矛盾思想主要是在他的代表作《逻辑学》中加以阐述。毛泽东的矛盾思想则是在《矛盾论》中加以阐释的。但黑格尔和毛泽东关于矛盾的思想是根本不同的,下面主要从矛盾的主体、性质、结构及理论应用等方面来阐述毛泽东对黑格尔矛盾思想的发展与超越。

1. 在矛盾主体方面的超越

黑格尔是唯心主义辩证法的集大成者。他的一切理论都是建立在唯心主义的前提之下。矛盾观也不例外。黑格尔的矛盾以概念为主体。他认为物质世界本身就是思想观念的体现,即思想观念在先,客观物质世界在后,思想观念是第一性的,而客观物质是第二性的,这正是他的唯心论思想。他还认为事物的运动是思想运动的产物,是绝对观念自身不断的发展和展开。即,他认为矛盾的运动即思想的运动,这无疑也是唯心主义的观点。但是他正确地否定了把思维中一切对立固定化的形而上学观点,他认为,思维中的对立是运动变化的,这是他辩证法的内容,但他同时又错误地认定,"这些矛盾所显现的综合与主体,乃是这些对立的概念自己反思的产物",矛盾的主体于是就归结为概念,矛盾的运动也就成了概念的运动。因此,他的矛盾观是脱离物质主体的矛盾观,自然使他的辩证法带上了神秘性的色彩,而且这种神秘性还很抽象。这正是黑格尔的唯心辩证法。

而毛泽东是辩证唯物主义者,他的一切学说也是建立在唯物论的基础上。因此,他的矛盾观是辩证唯物论的矛盾观,与马克思主义矛盾观一脉相承。他的矛盾观是以客观物质对象为矛盾的主体,这是毛泽东矛盾观最基本的理论前提,即坚持了唯物论的这一前提。

他将思维的矛盾看作客观外界的矛盾在思维中的反映。这里思维的矛盾其实就是一种意识，而客观外界的矛盾就是物质，所以，这种矛盾观正符合意识是物质的反映这一唯物论的基本观点。毛泽东在《矛盾论》中明白无误地告诉我们，矛盾从根本上说，是客观物质世界的矛盾。对矛盾主体客观物质性的坚持，使毛泽东矛盾观避免了黑格尔的错误，即唯心论的矛盾观。同时还摆脱了黑格尔辩证法的那种神秘气氛和那种莫测高深的思辨色彩。

所以，在矛盾主体上，毛泽东对黑格尔的矛盾思想不仅是发展，更多的是超越。

2. 在矛盾性质方面的超越

黑格尔哲学非常强调对立面的"具体的同一"而不是"抽象的同一"。提出"具体的同一"，是黑格尔对辩证法的独特贡献。"抽象的同一"，是"简单的直接的东西、僵死存在的规定"；但是"具体的同一"，它不再是简单的直接的东西了，而是包含间接性和较丰富内容的。虽然黑格尔十分重视矛盾，然而在他看来，矛盾又是应当被克服的东西。所谓发展，就是矛盾的不断产生和不断克服。事物通过克服自身矛盾而达到新的同一，这就是"具体的同一"，克服自身而达到新的对立则是更高的层次的对立。他认为离开了矛盾的同一和离开了同一的矛盾，都是抽象的，事物的发展都得不到很好的说明。具体表现在三方面：1. 矛盾双方相互依存。黑格尔认为矛盾双方中的任何一方如果离开另一方都无法保存自己的特点，也无法保持自己的存在。2. 他主张对立面的这种同一离不开矛盾的斗争，正是由于肯定方面对否定方面的排斥，才使肯定方面成为否定方面的否定。3. 黑格尔还认为矛盾的转化非常重要，并且在转化过程中斗争性发挥了巨大作用。此外，黑格尔还对矛盾的普遍性进行了大量的描述。在他的著作中，还可以看到对绝对相对问题的阐述。

与黑格尔相比，毛泽东对矛盾的阐述更为全面、系统，认识也更为深刻。毛泽东全面地论述了矛盾的同一与斗争、普遍与特殊、绝对与相对等问题，对矛盾的性质进行了全面的把握。并且毛泽东在矛盾观发展史上第一次深入地阐释矛盾本身的内在规定。黑格尔对这些方面也都有所涉及，但没有进行集中概括，也没有把这些方面和矛盾的性质联系起来。而毛泽东在马克思主义矛盾观基础之上，取其精华、去其槽粕，对以往哲学家的矛盾观点进行了批判的继承，可以说是站在巨人的肩上，又向前迈进了一步。即在对矛盾性质进行了全面、深入研究的基础上，又得出很多深刻的认识。他受列宁有关矛盾同一性的论述的影响，将矛盾同一性明确概括为矛盾双方"各以和它对立的方面为自己存在的前提，双方共处于一个统一体中"，和矛盾双方在一定条件下"各向着其相反的方面转化"这样两种情形，并且认为转化更是重要。毛泽东吸收了列宁关于相对绝对关系问题的论述，他对同一性与斗争性关系作出了"斗争性即寓于同一性之中，没有斗争性就没有同一性"的科学论断。毛泽东还吸收了恩格斯和列宁关于矛盾普遍性的观点，吸收了列宁关于具体分析具体情况的思想。毛泽东的所有思想是建立在对我国当时国情的准确把握之上。尤其是在对当时革命斗争的深入分析、概况总结的基础上，在哲学史上第一次提出了矛盾普遍性与矛盾特殊性这对科学范畴。进而指出矛盾普遍性和特殊性的关系"就是矛盾的共性和个性的关系"，而共性又是"包含于一切个性之中，无个性即无共性"，深刻地揭示了矛盾普遍性和矛盾特殊性的辩证关系。

毛泽东从矛盾斗争性和同一性、共性和个性、主次矛盾、主次方面等不同方面对矛盾展开具体的论述，其中很多论述都是开创性的。这些矛盾具体方面并不是孤立的、不是毫无联系的，而是内在统一的，统一的桥梁就是共性个性、绝对相对这一"关于事物矛盾问题的精髓"。即将共性个性、绝对相对这一事物矛盾问题的精髓贯穿其中，从矛盾性质的整体角度研究每一具体的方面。譬如对矛盾同一性和斗争性的研究，就不仅是直接地对它们本身内在规定进行研究，而是结合普遍性和特殊性、绝对性和相对性，从各方面的有机联系中来进行研究。毛泽东认为："按照辩证唯物论的观点看来，矛盾存在于一切客观事物和主观思维的过程中，矛盾贯串于一切过程的始终，这是矛盾的普遍性和绝对性。矛盾着的事物及其每一个侧面各有其特点，这是矛盾的特殊性和相对性。矛盾着的事物依一定的条件有同一性，因此能够共居于一个统一体中，又能够互相转化到相反的方面去，这又是矛盾的特殊性和相对性。十分明显地体现出一种整体性的思维方法和研究方法。毛泽东运用整体性的研究方法，是他的矛盾观中对矛盾性质的认识，不是仅仅涉及一个方面，而是很多方面，并且这些方面也不是孤立的单位，而是有着有机的联系。这既保证了矛盾观点的全面性，也保证了矛盾观点的逻辑性。而正是矛盾普遍性、特殊性这一矛盾问题的精髓贯穿矛盾观点的始终，使矛盾观点得到了完整而深刻的说明。

3. 在矛盾结构方面的超越

黑格尔对矛盾的论述是从纵向来逐步展开，论述了矛盾的不同形态，从"同一""差异"到"对立"，没有横向方向的展开。从结构角度而言，只是纵向排列的平面结构。

而毛泽东的矛盾结构体系，是从纵横两个维度加以论述。从横向看，论述了矛盾的各种不同运动形式，不同类型的矛盾。从纵向来看，把矛盾运动看作是一个发展变化的过程，从而论述了矛盾不同阶段的矛盾各有其特点；在不同的发展阶段，有着不同的主要矛盾、不同的次要矛盾；每种运动形式的每一发展过程中，又有贯穿该过程始终的根本矛盾和非根本矛盾；而不论是纵向还是横向的矛盾都有主次方面的区别，也有对抗性和非对抗性的性质上的差别。这就使毛泽东的矛盾观点形成了一个多层次、多方面、纵横交织的立体交叉结构，而不仅仅是一个纵向排列的平面结构。从而也使毛泽东的矛盾思想更全面、丰富、准确。

在我们生活的大千世界，本身就是一个错综复杂的体系。既然事事有矛盾，时时有矛盾，所以，研究毛泽东的立体交叉式的矛盾结构体系，对我们解决实际问题，就有很大的实践意义。

4. 在理论应用方面的超越

矛盾理论在黑格尔哲学和毛泽东哲学中，都得到了极其广泛的应用。然而，由于他们的世界观、献身的事业、研究目的不同，对矛盾理论应用的广度和深度也就不同。

首先，黑格尔应用矛盾理论分析自然，用矛盾的观点分析了物质的运动。他认为没有无物质的运动，也没有无运动的物质，这一观点含有唯物主义的因素。但是，黑格尔哲学是建立在绝对精神基础上，从而把运动的物质看成是绝对精神的派生，是第二性质的，是处于低级的阶段，是抽象的。因此，唯物主义的因素就被他的绝对精神所抹杀。除此之外，他的矛盾理论也就更多地局限于思维领域，没有运用到实践中。

毛泽东继承了马克思唯物主义的观点，他的矛盾理论也立足于辩证唯物论的基础之上，所以他把矛盾观点更多地运用到实践中去。毛泽东用矛盾观点对我国政治现状进行了研究，比如对社会主义社会各种复杂矛盾的研究，科学地区分了社会主义社会两类不同性质的矛盾，即敌我矛盾和人们内部矛盾，从而丰富了马克思主义的矛盾观点，从而为社会主义各类矛盾的解决提供了方法论上的指导。又如，在军事方面，关于战争中的全局与局部、进攻与防御、主动与被动、直线与曲线等军事辩证法范畴的提出；经济方面，农工轻重比例关系的确定；教育方面，对教育与政治、教育与生产劳动的关系；艺术方面，"双百方针"的提出，等等，都是用矛盾的理论来分析具体的实际问题的很好体现。所以，毛泽东的矛盾理论不是脱离实际的教条，而是指导实践的具体理论，是无产阶级改造世界的精神武器，可以转化为现实的物质力量。

所以黑格尔的矛盾思想是理论辩证法的理论，他的辩证法则是思想的辩证法；而毛泽东的矛盾论则是实践辩证法的理论，他的辩证法是做事的辩证法。

其次，由于黑格尔主要是一个哲学家，他对现实生活的方方面面缺乏亲身的体验，这就决定了他对矛盾理论的应用，不可避免地具有过于浓厚的主观色彩、表达方式过于隐晦，对现实生活的指导作用就很有局限。这方面最典型的例证，就是他的著名的"二重凡是"命题——"凡是现实的都是合理的，凡是合理的都是现实的"。一个理论即使再有革命意义，如果语言晦涩难懂，无法为广大群众所掌握，也无法变成巨大的物质力量，无法指导具体的实践。

毛泽东是一个伟大的理论家，更是一个伟大的实践家、革命家。他把毕生的精力都献给了中国人民的革命和建设事业。他的革命理论，包括矛盾理论，是马克思主义普遍真理与中国革命和建设具体实践经验相结合的产物。这种结合，不仅体现在对革命和建设实践经验的理论概括上，而且首先体现在对革命和建设实践要求的满足上。马克思主义的哲学不仅仅是世界观，不仅仅是停留在解释世界的层面，更重要的是为了改造世界，即用哲学的理论指导现实的实践。如果只是纸上谈兵，没有做到理论与实践的结合，空谈一气，再好的理论也没有实际的意义。毛泽东哲学思想，不是毛泽东为了纯粹追求理论兴趣，而是为了适应中国革命和建设的需要，直接的目的就是为了指导现实的政治斗争、军事斗争，并为经济建设、文化建设、科学和教育发展等等各个方面提供理论指导。所以，毛泽东的矛盾理论必然是贴近现实生活的理论，不是抽象空洞的理论。正因为如此，毛泽东的矛盾理论成为了革命的理论，是中国广大无产阶级进行革命和建设的思想武器。同时，这一理论在革命和建设的实践过程中也得到了不断的发展和完善。因此，在矛盾理论与实践的紧密联系程度和对实践的指导作用两个方面，黑格尔的哲学思想是远远比不上毛泽东的哲学思想的。

四、毛泽东对马克思、恩格斯矛盾思想的继承

辩证法的原则是对立统一。但在对立和统一的关系中，有的辩证法派别强调对立面的和谐与相反相成：如古希腊的毕达哥拉斯把宇宙想象成是数的和谐，还有中国的老子赞美"和"与"不争"。有的辩证法派别则偏重对立的斗争；像古希腊的赫拉克利特，他说过"战争是万物之父，万物之王"。

作为革命家，马克思很自然地重视斗争。当女儿问他"对幸福的理解"时，马克思的回答是"斗争"。在共产主义的经典《共产

党宣言》中，马克思和恩格斯把人类有文字记载以来的历史归结为阶级斗争的历史。

晚年的恩格斯提出了一个值得注意的观点。他批评达尔文的信徒片面强调生物界的斗争。他说，在达尔文之前，这些人只看到"有机界的和谐的合作，植物王国怎样给动物提供食物和氧，而动物怎样给植物提供肥料、氨和碳酸"；可是达尔文学说一旦被承认，这些人便"立刻到处只看到斗争"。这是从一个极端跳到另一个极端。恩格斯评论说，生物界的相互作用包含着和谐和合作，也包含冲突和斗争。因此自然界中绝不允许单单标榜片面的"斗争"。因此，恩格斯在自然领域坚持了矛盾的既对立又同一的观点，即矛盾的观点。

但恩格斯在社会领域却没有坚持既斗争又合作的观点。他在社会领域更多强调的是斗争。他认为，人类不同于动物，动物是为了生存而展开的斗争，而人类进行生产活动，生产活动不仅仅是为了生存，还有发展和享受的目的。所以人类社会更多的是为了实现这一目的而进行的阶级斗争。

在哲学上反对片面强调斗争，在社会观和政治学说中却仍然片面强调"阶级斗争"，这是恩格斯晚年思想上的一个矛盾。解决这个矛盾可以有两个办法：或者是修正阶级斗争学说，给阶级之间的合作以适当的地位；或者是在哲学上强调对立面的斗争而弱化对立面的统一。列宁主义的发展选择了后一条道路。

其实，结合马克思、恩格斯的时代背景，不难理解他们为什么在社会领域更多地强调阶级斗争。马克思和恩格斯的学说产生于19世纪工人运动兴起的年代。他们目睹了广大工人阶级的贫困状况和悲惨命运，目睹了资本家对工人的敲骨吸髓的剥削和压迫，作为革命家，他们特别强调阶级斗争是很自然的。并且，他们的学说是为工人阶级进行阶级斗争服务的，是工人阶级进行斗争的思想武器。所以，他们的学说必然更多地强调阶级斗争的巨大作用。

所以，在这一点上，马克思、恩格斯以及列宁、毛泽东都是一致的。因为他们都是无产阶级革命家，他们的阶级立场是代表无产阶级的利益，他们的历史使命是用自己的理论武装无产阶级的头脑，领导无产阶级进行无产阶级革命，为建立共产主义的伟大目标而努力。

五、毛泽东对列宁矛盾思想的继承

列宁对辩证法的观点主要表现在他的《哲学笔记》中，特别是其中的《谈谈辩证法问题》一篇笔记中。他很重视黑格尔的对立统一思想，认为这是辩证法的核心。他说："可以把辩证法简要地规定为关于对立同一的学说。"

然而列宁是偏重斗争的。他对崇拜斗争的赫拉克利特作了很高的评价，认为这个希腊哲学家的观点是对辩证唯物论的最好说明。当列宁从社会科学中来寻找一个例子来说明矛盾时，他想到的唯一例子是"阶级斗争"。

列宁把矛盾双方又统一又对立的关系概括为"对立面的统一和斗争"。虽然马克思也有类似的表达，但很少为人引用；列宁的这个概括却通过苏联哲学界的宣传而产生了巨大的影响。按照这个观点，"斗争"成为宇宙的普遍现象了。

列宁还认为：对立面的统一（一致、同一、均势）是有条件的、暂时的、易逝的、相对的。相互排斥的对立面的斗争是绝对的，正如发展、运动是绝对的一样。由于他把"斗争性"和"统一性"并提，作为矛盾双方的两种属性或两种关系，这样，"斗争"实际上就变成了"对立"的同义词，肯定斗争的绝对性，也就肯定了对立的绝对性。列宁的这个观点，后来被毛泽东在《矛盾论》中继承，成为他的"斗争哲学"的出发点。

《矛盾论》是对列宁在《哲学笔记》中的思想的解释和发挥。这个解释和发挥的功劳属于苏联哲学家；但是苏联哲学家的著作写得冗长累赘，加上翻译的问题，读起来佶屈聱牙；毛泽东把这些著作中的精华加以集中和概括，又用通俗易懂的，形象的，精炼的语言表达出来。因此，应该说毛泽东在普及化方面作了贡献。

由于继承了列宁，对"对立"和"斗争"不作区分，这样，毛泽东在阐述矛盾的普遍性的同时，也就肯定了斗争的普遍性。矛盾是无所不在，无时不在的，因此斗争也是无所不在，无时不在的。当毛泽东说"没有矛盾就没有世界"时，他的意思也就是没有斗争就没有世界。这样我们也就能理解毛泽东所说的："党内如果没有矛盾和解决矛盾的斗争，党的生命也就停止了。"

毛泽东的矛盾观点更多的是突出斗争的作用。其实，结合毛泽东的时代背景及个人所献身的事业，这一点也不难理解。毛泽东和列宁一样，作为革命家，他们的理论是为革命事业服务的。所以，强调斗争的作用是为了革命的需要，是从现实情况出发的。但毛泽东更多地强调矛盾斗争性的作用，并不意味着否定矛盾同一性的作用。

毛泽东在其军事著作中对战争的描述，很好地体现了矛盾同一性观点。人类社会中，矛盾斗争的最激烈的例子莫过于战争。战争毫无疑问是对抗。那么，交战双方是不是构成一个矛盾统一体呢？毛泽东本人的军事著作已经给了回答。在这些著作中，毛泽东的所有分析都是以敌我双方的力量对比为基础的。在《论持久战》中，他谈到战争的目的是"保存自己，消灭敌人"，前者是防御，后者是进攻，两者的关系是辩证的。在《矛盾论》中，毛泽东谈到："战争中的攻守，进退，胜败，都是矛盾着的现象。失去一方，他方就不存在。双方斗争而又联结，组成了战争的总体，解决了战争的问题。"可见，他在这里也承认战争双方是互相依存，共处于一个共同体中。没有进攻就无所谓防御，没有防御也无所谓进攻。一方的胜利就意味着另一方的失败。矛盾的同一性原理对分析战争完全适用。

在对矛盾同一性和相对性关系的论述中，毛泽东认为矛盾的同一性是相对的，有条件的；而矛盾的斗争性是绝对的，无条件的。这一点也是继承了列宁的观点。

第四节 毛泽东矛盾思想的形成和发展过程

任何一门科学思想都不是一下子就产生的，它都要经历一个发展的过程。同样，毛泽东的矛盾思想的产生也是有其发展过程的。毛泽东这一思想的形成和发展是马克思列宁主义普遍真理和中国具体实际相结合的结果。这种结合是灵活的适应了中国具体发展的需要，并不是生搬硬套的运用，更是对"相结合"的经验进行了理论的概括。

一、毛泽东矛盾思想的萌芽阶段

1921 年中国共产党成立，幼年的中国共产党开始了对中国革命的领导。中国革命过程本身就是一个认识矛盾和解决矛盾的过程。在这一时期，马克思主义在中国大地广泛传播，毛泽东则正确运用了马克思列宁主义相关原理，深刻地分析了中国社会各阶级的经济地位和政治态度。在各种复杂的社会矛盾中，分清敌友是首先应该解决的革命问题；人民群众创造历史的基本原理被积极坚持，农民运动在革命运动中的重大作用得到了进一步的阐明；与此同时，还解决了中国革命的对象、动力、领导权、同盟军等一系列重大问题。特别是毛泽东在《中国社会各阶级的分析》和《湖南农民运动考察报告》两部经典著作中，科学地分析了矛盾中的各方面，虽然没有具体运用矛盾分析方法，但有了矛盾分析的萌芽。

二、毛泽东矛盾思想的形成阶段

在这一时期，毛泽东首先揭示了中国社会政治经济发展的不平衡性，阐明了中国革命的发展规律，得出了"枪杆子里出政权"的科学论断。在这一论断的指导下，进一步论证了中国红色政权发生和发展的原因和条件等问题，客观分析了战略战术问题；对国内外最新出现的矛盾和问题深入分析，最终得出了制定抗日民族统一战线的政治策略的依据。在《论反对日本帝国主义的策略》中，毛泽东运用唯物辩证法分析了新形势、新矛盾，批评了"圣经上载了的才是对的"的错误思想，系统论述了建立抗日民族统一战线的必要性和重要性。毛泽东明确而具体阐述了事物的矛盾运动，特别是在中国革命战争和民族革命战争中，分析矛盾运动的方法和事物的自身辩证法的运用更是达到了炉火纯青的程度。他对中国革命的主体进行了精辟的分析，指出了无产阶级是中华民族反帝反封建革命的领导力量，并且得出农民是中国革命的主力军的结论，在《井冈山的斗争》《星星之火，可以燎原》等著作中，看到了中国革命的主体力量虽然弱小，但对革命的必然胜利充满了信心，这些都表明毛泽东矛盾思想初步成熟。

三、毛泽东矛盾思想的系统化和成熟阶段

红军长征胜利后，中国的客观现实要求中国共产党对国内两次革命战争进行理论上的经验总结，同时需要根据实际情况的变化对军事、政治、文化战略等一系列问题作出了理论的概括论述。加之毛泽东对马克思主义思想的深入学习和研究，也比以往都深刻得多。与此同时，中国面临的客观环境也比较安定，这样更有利于对出现的问题作深入思考和系统化阐述。为了克服中国共产党内存在的严重的教条主义错误，毛泽东在深入研究了现实出现的问题，并且进行了细致的思考后，于1937年8月写了著名的哲学专著《矛盾论》。

《矛盾论》从宇宙观的高度，发挥了列宁关于两种发展观的思想，全面论述了矛盾普遍性和矛盾特殊性的原理，指出了矛盾的普遍性包括两方面的含义；论证了主要矛盾和主要矛盾方面的原理，具体地阐明了矛盾诸方面的同一性和斗争性及其相互关系；分析了矛盾斗争的两种基本形式即对抗性的矛盾和非对抗性的矛盾，还指出二者在一定条件下相互转化。《矛盾论》以矛盾的特殊性为基础，解决了共性个性、绝对相对的关系，为中国革命的胜利提供了科学的世界观和方法论。《矛盾论》还指出，教条主义者不分析矛盾的特殊性，不理解各种情况的区别，因而也不了解应

当用不同的方法解决不同的矛盾。《矛盾论》作为毛泽东的哲学专著，在马克思主义哲学史上系统地阐述了对立统一规律，其论述以中国革命实践为基础，因而具有鲜明的中国特色，为中国共产党的思想路线奠定了科学的哲学基础，丰富和发展了马克思主义矛盾学说。这些都表明：《矛盾论》的发表标志着毛泽东矛盾思想的系统化和成熟。

第二章 两种宇宙观

毛泽东指出:"在人类认识史中,从来就有关于宇宙发展法则的两种见解,一种是形而上学的见解,一种是辩证法的见解,形成了互相对立的两种宇宙观。"宇宙观,又称世界观,即对世界的根本看法和根本观点。在哲学世界观中,由于对世界本原问题的不同回答,形成了唯物主义和唯心主义的对立统一。由于对世界发展问题的不同回答,形成了辩证法和形而上学的对立统一。毛泽东说,唯物主义和唯心主义,辩证法和形而上学,是哲学中的"两个对子","一讲哲学,就少不了这两个对子"。这两个对子不是并列的。唯物主义和唯心主义是哲学中的两个基本派别,而辩证法和形而上学总是分别同唯物主义或唯心主义结合在一起,通常也被称为两种发展观。马克思主义用唯物主义和辩证法相统一的观点去观察社会历史和一切事物,它既坚持唯物主义,反对唯心主义,又坚持辩证法,反对形而上学。

唯物辩证法和形而上学的分歧归结到一点,就在于是否承认事物的矛盾以及内部矛盾是事物发展的动力。毛泽东曾概括说:"所谓形而上学,就是否认事物的对立统一、对立斗争(两分法)、矛盾着对立着的事物在一定条件下互相转化走向它们的反面。"而唯物辩证法主要就是教导人们去观察、分析矛盾和解决矛盾。毛泽东还指出，联系、发展的问题，都可以在对立统一这个"核心规律中予以说明"，因为，"所谓联系就是诸对立物间在时间和空间中互相联系，所谓发展就是诸对立物斗争的结果"。所以，坚持唯物辩证法、反对形而上学的关键，就是掌握对立统一规律。

第一节　形而上学的宇宙观

一、形而上学宇宙观的基本内容

形而上学的基本特征是用孤立的、静止的和片面的观点去看世界。

1. 孤立的观点。在形而上学看来，世界上的一切事物或现象都是彼此孤立、彼此隔离，没有内在联系、互不相干的偶然堆积。从这种观点出发，必然是孤立的、脱离具体历史条件、脱离周围的具体环境考察事物，是只见部分不见全体，只见树木不见森林，只见一个个孤立的片段不见总的联系和过程，因而不能正确地反映客观事物。下面通过一个寓言故事并且进行哲学分析来更好地说明以上观点。

齐人有好猎者

齐人有好猎者，旷日持久而不得兽。入则羞其家室，出则愧对其知友。（唯）其所以不得之故，则狗恶也。欲得良狗，家贫则无以。人曰："君宜致力于耕作。"猎者曰："何为？"人不对。猎者自思，得无欲吾致力于耕作有获而后市良犬乎？于是退而疾耕。疾耕则家富，家富则市得良犬，于是猎兽之获，常过（逾）人矣。非独猎也，百事也尽然。

这段话的意思是：齐国有个爱好打猎的人，花费了很长时间也没有猎到野兽。在家愧对自己的家人，在外愧对自己相识的朋友。（他）思考打不到猎物的原因，是因为狗不好。他想得到一条好狗。想要得到好狗，可是家里没钱。于是别人对他说："你应该努力耕田劳作。"猎人说："为什么？"别人不说。猎人自己思考，岂不是我努力耕作获得的钱就可以买好狗了吗？于是他就回家努力耕田，努力耕田家里就富了，家里富了就有钱来买好狗，有了好狗就屡屡打到野兽。打猎的收获，常常超过别人。不只是打猎如此，许多事情也全部都是这样。

在这则寓言故事中，我们可以知道，一开始这个齐人一直打不到猎物，是因为他只看到了打猎与需要好狗的关系，而没钱买狗，使得他郁郁寡欢，而没有想到如何能有钱的问题。而之后经过他人的指点和自己的思考，他进一步认识到了耕田和挣钱的关系，想明白了这一系列关系：耕田→→挣钱→→买狗→→打猎。在这样的认识指导下，他成功地达到了自己打到很多猎物的目的。所以任何事物的存在和发展都与周围的很多事物存在着联系，而不是孤立的存在，就像故事中的打猎这件事不仅和是否有好狗有关，而且还和耕田有关。只不过，这两种的关系不一样，有好狗与打到猎物是直接的联系，而耕田与打到猎物是比较间接的联系，往往间接的联系决定了一事物发展的好坏。因此在我们做事情的过程中，应全面把握事物之间的联系，不仅要看到直接的联系，还应该把思维进行扩展，想到比较间接的联系。在这则故事中，我们还应看到哲学中所讲的因果联系问题。因果联系在一定条件下可以相互转化，这种转化有两种情形，一种是在同一种关系中，两种现象互为因果；另一种情况是同一现象在这一关系中是原因，在另一关系中则是结果，反之亦然。当然这种互为因果关系的情况是在一定条件下成立的，转化也是存在着一定的条件，不具备一定的条件，这种转化是不可能的。就像故事中的那样，耕田→→挣钱这对关系中，耕田为因，挣钱为果；而在挣钱→→买狗这对关系中，挣钱则变成了原因，买狗则成了结果；同理，在买狗→→打猎这对因果联系中，买狗又成了达到猎物的原因。所以，同样是"挣钱"或者是"买狗"，在不同的因果联系中，具有着不同的关系，在一个关系中为原因，而在另一关系中则变成了结果。当然这种因果联系的转化是需要条件的。比如在"耕田→→挣钱→→买狗"这个转化过程中，只有把田种好了，有了收成，而且收成得卖得出去，才能赚到钱，同样挣到手里的钱，是否能买到狗，还必须取决于是否有卖狗的存在等等。在这里，种田种的好，收成卖得出去，有狗可买都是现在因果联系转过的条件。此外，我们应认识到认识和把握因果联系的重要意义。首先，承认因果联系的普遍性和客观性，是人们正确认识事物，进行科学研究的前提（认识世界）。我们做任何事情包括我们的科学研究，都要探寻事物为什么会这样，也就是根据事物的结果来探索它的原因，而且还要看到任何一个原因都会引起一定的结果，只有学会自觉的究果索因，才能提高行为的有效性。其次，正确把握事物的因果联系能提高人们活动的自觉性和预见性（改造世界）。要根据原因预测结果。由于任何一事物都处在因果联系中，因此，我们就应该把某一事物当作原因来看待，遇见它可能产生的结果。有了对后果的科学预见，才能正确指导自己的具体行动，促使事物向人们所期望的结果发展。如果只顾眼前的行动，不顾长远的结果，必然会给工作和社会生活带来危害。就像故事中的齐人，他后来看到了耕田可能产生的结果，即能对狩猎产生的重大影响，才开始好好耕田，事情才可能按照他遇测到的那样发展。要根据结果探寻原因。由于一定的结果都是由一定的原因所引起的，这就要求人们应当善于从某一行动的后果中去分析其原因，总结成功的经验和失败的教训，以利于发扬成绩，避免重犯同类性质错误。这是不断提高科学认识水平和实际工作水平的重要条件。就像故事中的齐人，他后来总结了自己打不到猎物的原因是因为买不起好狗，买不起好狗的原因是因为没钱，没钱的原因是因为没好好耕田。所以开始好好耕田，改变了失败的局面。

2. 静止的观点。形而上学认为，世界上的一切事物或现象都是静止不动、永远不变的，各种不同的事物及其属性，都是从来如此，永远如此。如果说有变化，也只是数量的增减或场所的变更，没有质变，没有飞跃，因而也就没有旧事物的死亡和新事物的产生。孤立的观点和静止的观点是相互沟通的。不承认客观事物的联系，实质上就是否认了事物的运动和发展。比如，汉代大儒董仲舒所说的："道之大原出于天，天不变，道亦不变。"（董仲舒认为，封建社会的最高原则是由天决定的，天是永恒不变的，因而按天意建立的封建社会之"道"，也是永恒不变的。"天"主要是指自然界的最高主宰或天意。）也是形而上学宇宙观的典型思想。他作为封建士大夫，又是儒家的代表人物，他的思想是为统治阶级服务的。为了巩固地主阶级的封建统治，极力宣扬封建社会的统治秩序的合理性，是所谓的"天道"，符合上天的意指，目的是让广大百姓服从他的统治。然而这却是很荒谬的，封建社会的最高原则属于上层建筑范畴，是由经济基础决定的，它的内容是随着社会实际的发展而不断变化，随着生产力的不断发展，由生产力所决定的生产关系也会发生相应的变化，同时，受生产关系所决定的上层建筑也会发生一定的改变，所以，认为"道"始终不变是犯了形而上学的错误：夸大了静止，否定了绝对运动。又如《刻舟求剑》的故事：

刻舟求剑

有一个楚国人出门远行，他在乘船过江的时候，一不小心，把随身带着的剑掉到江中的急流里去了。船上的人都大叫："剑掉进水里了！"

这个楚国人马上用一把刀在船舷上刻了一个记号，然后回头对大家说："这是我的剑掉下去的地方。"

众人疑惑不解地望着那个刀刻的印记。有人催促说："快下水去找剑呀！"

楚国人说："慌什么，我有记号呢。"

船继续前行，又有人催他说："再不下去找剑，这船越走越远，当心找不回来了。"

楚国人依旧自信地说："不用急，不用急，记号刻在那儿呢。"

直至船行到岸边停下来后，这个楚国人才顺着他刻有记号的地方下水去找剑。可是，他怎么能找得到呢。船上刻的那个记号是表示楚国人的剑落水瞬间在江中所处的位置。掉进江里的剑是不会随着船行走的，而船和船舷上的记号却在不停地前进。等到船行至岸边，船舷上的记号与水中剑的位置早已风马牛不相及了。这个楚国人用上述办法去找他的剑，不是太糊涂了吗？

这则寓言告诉我们，必须用发展的眼光看待不断变化的事物，事物的运动是绝对的，静止是相对的，反对用静止的观点看问题，否则会导致形而上学的错误，给实际生活带来很大的困扰。

接下来，给大家讲一个案例：

楚国人准备偷袭宋国，进军的线路是打算渡过雍河抄近道走，以便趁宋国人没有防备的情况下一举获胜。楚国人经过周密谋划，先派人到雍河边测量好水的深浅，并在水浅的地方设置了标记，以便偷袭宋国的大部队能沿着标记顺利渡河。不料，雍河水突然大涨，而楚国人并不知道这个情况，部队在经过雍河的时候依然照着原来作的标记渡河，加上又是夜间，结果，士兵、马匹大批地进入深水、漩涡，使楚军措手不及。他们被湍急的雍河水搅得人仰马翻、惊骇不已。漆黑中，雍河水里人喊马嘶，一片混乱，楚国军队被淹死1000多人，侥幸没死的也无法前进，只好无功而返。

这则案例中，楚国人就没有用发展观点来看问题，犯了用静止观点看问题的形而上学错误。在雍水暴涨之后，楚国人还按照雍水暴涨之前的水深去偷渡，必然导致很多人淹死，后果很惨重。事物或事情时时刻刻都在发生着这样或那样的变化，变化是绝对的，而静止则是相对的。河水的深浅发生了变化，楚国人却没能根据河水的变化及时调整策略，致使自己的军队损失惨重，无功而返。唯物辩证法认为矛盾具有特殊性，这一原理要我们去想问题、办事情必须坚持以一切时间、地点和条件为转移。楚国人就是没能做到根据不断发展的实际调整策略，从而遭到惨败。因此，我们必须用发展的眼光来看待事物，这样才能对事物或事情有一个可靠的把握。

3. 片面的观点，就是只看到矛盾的一方而看不到另一方，也就是否认事物的矛盾。在形而上学看来，事物内部是绝对同一的，不能包含矛盾，而承认矛盾就是荒谬的和不合理的；矛盾只存在于人们的思想中，是人们的思维陷入错误的表现，而在客观现实中是根本不存在的。形而上学的公式是：是就是，不是就不是；除此之外，都是鬼话。接下来通过讲述两个小故事对以上观点进行说明：

1. 盲人摸象

据古代印度佛经中讲，古时印度有一个小国，国王名叫镜面王。他信奉释迦牟尼的佛教，每天都拜佛诵经，十分虔诚。可是，国内当时流行着很多神教巫术道，多数臣民被他们的说教所迷惑，人心混乱，是非不明，很不利于国家的治理。镜面王很想让其臣民们都皈依佛教，于是就想出了一个主意：用盲人摸象的现身说法教育诱导他们。镜面王吩咐侍臣说："你找一些完全失明的盲人到王城来。"使者很快就凑集了一群盲人，带领他们来到王宫。

使者走进宫殿向镜面王禀报说："大王，您吩咐找的盲人已带到殿前。"镜面王说："你明天一早带领盲人们到象苑去，让他们每人只能触摸大象身体的一个部位，然后马上带他们来王宫广场前。"

第二天上午，镜面王召集所有的大臣和数万平民聚集在王宫前的广场上，沸沸扬扬的人们交头接耳，谁也不知道国王将要宣布什么重大的事情。不一会儿，使者领着人们来到了镜面王的高座前，广场上的人们顿时安静了下来。镜面王向盲人们问道："你们都摸到大象了吗？"盲人们齐声回答说："我摸到大象了！"镜面王又说："你们每个人都讲述一下大象是什么模样。"摸到大象腿的盲人说："大王，大象应该像一把扫帚。"摸到大象腹部的盲人说："大王，大象确实像大鼓。"随后，摸到大象头部的说大象像大勺子，摸到大象牙的说大象像牛角，摸到大象尾巴后部的说大象像棍杖，摸到大象耳朵的则说大象犹如簸箕。最后，摸到大象鼻子的盲人说："圣明的大王，大象实在像一根粗绳索。"一群盲人分成了几伙，吵吵嚷嚷，争论不休，都说自己正确而别人说的不对。他们纷纷到镜王前争辩说："大王，大象的模样确实像我说的那样！"这时，在场的臣民见此都大笑不止，镜面王也意味深长地看着众人笑了起来。

6 位盲人分别摸到了大象的一部分，各自宣传大象像扫帚、大鼓、大勺子、牛角、棍杖、簸箕、粗绳索。他们争论不休，始终未达成一致意见。在现实生活中，这样的故事也比比皆是，人们看到了世界的一小部分，就夸大这部分，认为世界就如他看到的那一小部分一样，其实，并未看到世界的全部。我们必须意识到我们在一定的时间、一定的地点只能看到世界的一小部分，看到历史的一个瞬间，这一小部分和一个瞬间会形成我们对世界的认识，但我们必须明白，我们并未形成对世界的全面认识。在现实生活中，我们每个人就是一个"盲人"，但我们比故事中的盲人好的是，我们应该也可以听取其他人的观点，善于吸纳不同的声音，形成对某一事物、某一思想尽可能全面的观点。

2. "网上潇洒走，有喜也有忧"

对世界上许多国家的中学生来说，上网已不是什么新鲜事。网络不仅给他们带来了获得知识的便利途径，而且改变了他们的生活方式。家长们对孩子上网一般都持赞许的态度。然而，网上有友情，网上还有欺骗，甚至有陷阱。上网可以帮学生把作业做得更好，也可以偷懒。最让人头痛的要算色情网站了，很多青少年成为网上色情的俘虏。对此，网吧已被不少家长称为"电子海洛因"的交易所，并主张取缔网吧。

在这则案例中，我们应学会用全面的观点来看待网络，既要看到网络为中学生学习带来的方便，也要看到网络对中学生带来的负面影响。只看到网络的利或弊都是片面的。

此外，形而上学的观点还认为事物变化的原因不在其内部而在外部，是由于外力的推动。对于社会的变化，它不是从社会内部矛盾去找原因，而是用社会外部的地理、气候等条件去说明。比如，18世纪法国启蒙学者孟德斯鸠认为，气候是决定社会政治制度最强有力的因素，土地的肥瘠和面积的大小也决定社会政治制度。这种"地理环境决定论"就是一种外因论。外因论不能解释一事物变成他事物的现象，不能说明为什么存在多种不同质的事物。

二、形而上学宇宙观的基本派别

在历史上，形而上学曾经长期同唯心主义结合在一起，属于唯心主义世界观。形而上学也曾经同唯物主义结合在一起，比如17世纪、18世纪英、法等国的唯物主义哲学，就是形而上学的唯物主义。

1. 形而上学唯心主义的世界观

在欧洲，鼓吹形而上学思想最早的学派之一是古希腊的爱利亚学派。他们认为变化都是不真实的，万物不过是个空名，只有不变、不动是真实的。到了中世纪，哲学沦为神学的婢女，哲学研究的对象主要是上帝，他们认为，像上帝、天使是可以离开物质而独立存在的，并且是上帝创造了一切，所以是唯心的，并且他们都以宣扬宇宙不变、否认事物的运动变化为其根本特征。

2. 形而上学唯物主义的世界观

18 世纪法国的唯物主义，是西方形而上学唯物主义的高峰。在欧洲哲学史上占有光辉的一页。其代表人物有狄德罗、拉美特利、霍尔巴赫等人。他们承认物质是第一性，意识第二性。在物质与意识何者为第一性的问题上，坚持了辩证法。但是，他们把物质运动仅仅理解为机械位移，把事物的发展变化仅仅归结为数量的增减，否认发展的根本原因在于事物内部的矛盾性，因此并没有真正解决物质运动的根本动力问题。霍尔巴赫说："在自然中的一切都是必然的，任何东西都不能以别的方式活动。"他还说："在这个自然中，既没有偶然，也没有任何意外的事情。"他把一切自然现象都归结于必然，否定偶然性。以上的观点都是形而上学的，但是却是唯物主义的。

第二节　辩证法的宇宙观

一、辩证法宇宙观的基本内容

辩证法是同形而上学相对立的发展观。唯物辩证法的基本特征，是用联系的、发展的和对立统一的全面观点去看世界，"主张从事物的内部、从一事物对其他事物的关系去研究事物的发展，即把事物的发展看作是事物内部的、必然的、自己的运动，而每一事物的运动都和它的周围其他事物互相联系着和互相影响着。"

1. 联系的观点。辩证法主张联系地看问题。唯物辩证法认为，客观世界的一切事物和现象都是相互联系、相互依赖、相互制约的。世界上根本没有孤立存在的事物。整个世界就是一幅各种事物或现象相互联系、相互作用、相互制约、相互转化的图画。因此，唯物辩证法要求人们把事物放在一定的时间、地点、条件下来考察，放在与其他事物的联系中来考察。

联系的典型例子是"蝴蝶效应"和"马蹄铁效应"。接下来对"蝴蝶效应"和"马蹄铁效应"这两个案例进行详细说明：

"蝴蝶效应"

蝴蝶效应指一件表面上看来毫无关系、非常微小的事情，可能带来巨大的改变。此效应说明，事物发展的结果，对初始条件具有极为敏感的依赖性，初始条件的极小偏差，将会引起结果的极大差异。"蝴蝶效应"最常见的阐述是："一个蝴蝶在巴西轻拍翅膀，可以导致一个月后德克萨斯州的一场龙卷风。"

"马蹄铁效应"

"马蹄铁效应"是这样说的：断了一枚钉子，掉了一只蹄铁；掉了一只蹄铁，折了一匹战马；折了一匹战马，摔死了一位将军；摔死了一位将军，吃了一场败仗；吃了一场败仗，亡了一个国家……

"马蹄铁效应"这则故事充分说明了事物之间联系的普遍性。一枚钉子导致一个国家的灭亡，钉子和国家表面似乎没什么关系，但只要条件具备，就会发生间接的联系。有些联系是直接联系。比如这个例子中的每个环节都是一个直接的联系，一个个直接联系作为中介，就使钉子和国家发生了间接的联系。因此，由于联系具有普遍性，我们要善于把握事物之间的联系，尤其是一些潜在的、间接的联系，可能由于对这类联系忽视带来毁灭性的恶果。一枚马蹄铁钉子可能毁灭一个国家，同样一只蝴蝶扇动翅膀可能引发一场龙卷风，一颗雪球可能引发一场雪崩，一根火柴可以点燃整个森林……万事万物都可能发生联系，世界上没有什么不可能！善于把握一些潜在的、内涵的联系，有利于我们防患于未然，提高行为的预见性。

2. 发展的观点。辩证法主张发展地看问题。唯物辩证法认为，世界上的一切事物或现象，是按照固有的规律不断运动、变化和发展的。任何事物都有它产生发展和灭亡的历史，总是处在永无止息的过程之中。因此，唯物辩证法要求人们从运动、变化和发展中去考察事物。

选 择

有三个人要被关进监狱三年，监狱长答应满足他们三个一人一个愿望。

美国人爱抽雪茄，要了三箱雪茄。法国人最浪漫，要一个美丽的女子相伴。而犹太人说，他要一部与外界沟通的电话。

三年过后，第一个冲出来的是美国人，嘴里、鼻孔里塞满了雪茄，大喊道："给我火，给我火！"原来他忘要火了。

接着出来的是法国人。只见他手里抱着一个小孩子，美丽女子手里牵着一个小孩子，肚子里还怀着第三个。

最后出来的是犹太人，他紧紧握住监狱长的手说："这三年来我每天与外界联系，我的生意不但没有停顿，反而增长了200%，为了表示感谢，我送你一辆劳施莱斯！"

"选择"这个故事告诉我们，什么样的选择决定什么样的生活。今天的生活是由三年前我们的选择决定的，而今天我们的抉择将决定我们三年后的生活。我们要选择接触最新的信息，了解最新的趋势，从而更好地创造自己的将来。

唯物辩证法告诉我们，世界上万事万物是变化发展的，每一个事物都有由其过去、现在和未来构成的过程。我们要用发展的观点看问题，把事物如实地看成一个变化发展的过程，不能用一成不变的眼光看待人和事。因此，我们分析一个事物不仅要观察它的现状，还需要了解它的过去，预测它的未来。对人生来讲，了解过去，把握现在，预测未来，应该选择正确的人生目标，树立人生理想，以实现人生价值。在《选择》中，美国人"过去"爱抽烟、法国人"过去"爱浪漫、犹太人"过去"善于从事经商。"现状"是三人要被关进监狱三年，监狱长给他们三个一人一个愿望。三个人根据"过去"，把握"现状"作出选择：美国人要了三箱雪茄，法国人要一个美丽的女子相伴，只有犹太人作出的选择是要一部与外界沟通的电话。三年后，他们的"将来"产生了三种不同的结果：美国人一事无成，法国人三个孩子（一个将要出生），犹太人生意增长了200%。同是住监三年，同样的选择机遇，美国人、法国人选择了满足于享受，没有从长打算；而犹太人选择了创造财富，从长计议。美国人、法国人与犹太人的人生价值、人生意义迥然不同。这就告诉我们，要了解事物的"来龙"，以深刻理解事物的现状；要看到事物的"去脉"，以正确把握当前的行动，我们的思想不仅要随时跟上不断发展的事物，而且要想到事物发展的未来，确立人生奋斗目标，树立正确的人生理想。理想作为思想观念和价值目标，形成人们自觉行动的动机，成为人们从事社会实践活动的精神动力和精神支柱。

正确的人生理想，使人们正确地选择自己的人生道路。我们要学会抓住机遇，把握有利时机，发展自我，在实践中展现人生价值。

3. 全面的观点，即矛盾的观点。辩证法最根本的特点是承认事物内部的矛盾性，承认事物的内部矛盾是事物运动、变化和发展的源泉。唯物辩证法认为，任何事物内部都存在着对立与统一两个方面，这是事物内部的矛盾；也存在着一事物与他事物之间的联系，这是事物的外部矛盾。事物之所以不断地运动，并从一种状态转化为另一种状态，根本的原因是内因，即事物内部的矛盾性。内因决定着事物发展的根本方向和总的趋势。当然，唯物辩证法并不否认外因的作用，认为外因是事物运动、变化和发展的不可或缺的条件，对事物的发展无疑地起着作用，有时甚至会起到十分重要和巨大的作用。但是，外因只能是加速或者延缓事物的发展，或者是在促进内固规定的几种可能性中实现某种可能性方面，发挥积极的重要作用。它的作用必须通过内因，通过加强或削弱事物矛盾各方面对立统一的状况而得到实现。辩证法认为内因是事物变化的根据，外因是事物变化的条件，外因只能通过内因才能起作用。接下来运用内外因原理分析改革开放与独立自主、自力更生的关系。

内因是事物发展的根据，决定事物的性质及发展方向，为发展提供动力、源泉。内因在保持事物的性质、区分不同事物方面起着决定性的作用。独立自主、自力更生，是以毛泽东为核心的党的第一代领导集体在领导中国革命和建设的过程中，把马克思主义普遍真理与中国具体国情相结合得出的伟大创举。在革命战争年代，中国面对帝国主义的政治孤立、经济封锁、军事包围，在极其恶劣的环境中坚持独立自主、自力更生的方针，把武装斗争与革命根据地建设相结合，在根据地开展土地革命以及大生产运动，为革命的胜利奠定了物质基础。当我们告别了战争，迎来了和平，尤其是进入改革开放的新时期，虽然战争和革命已不是时代的主题，但新时期必然存在着新的社会矛盾，即人民日益增长物质文化需求同落后的社会生产之间的矛盾。这一矛盾的解决，同样得把基点放在独立自主、自立更生的基础之上。正如邓小平在会见外国贵宾时说："中国的经验第一条就是自力更生为主""现在要发展经济，还要靠自力更生、量力而行这个原则"。随着国际联系日益密切，国与国之间的依赖日益增强，但一个国家要想屹立于民族之林，基点还得放在依靠自己的力量上。邓小平在谈到我国的科学技术水平时说："提高我国的科技水平，必须依靠我们自己的努力，必须发展我们自己的创造，必须坚持独立自主、自力更生的方针"。在当今时代，科学技术日新月异，国与国之间的竞争表现为综合国力的竞争，而综合国力的竞争越来越取决于科技力的竞争上。一个国家只有掌握科技发展的主动权，才能在国际社会上处于主动地位。而科技力取决一个国家的自主创新能力。因此，一个国家力量的强弱最终立足点还是独立自主。

外因是事物发展必要条件，对事物的发展起着加速和延缓的作用，使事物发展由可能转化为现实。我们坚持独立自主、自力更生，并不是说把自己孤立于世界发展的潮流之外，更不是说盲目排外，拒绝学习外国的长处。中国近代以来一百多年的抗争史已经向我们证明了闭关自守、以"天朝大国"自居的思想的错误性和危害的严重性。我们在任何时候都要博采众长，善于引进吸收外来的先进文化。古今中外的历史和现实告诉了我们兼容并蓄，取其之长补己之短才能导致一个国家的繁荣昌盛，反之则会导致一国的落后挨打。唐朝采取兼容并蓄的开放政策，善于与周边民族以及周边国家进行贸易、经济、文化等各方面的交流与合作，赢来了贞观之治、开元盛世的大好局面，唐朝的影响力不亚于今天的美国；形成鲜明对比的是清朝时期的闭关自守政策，当西方国家在开辟新航路、各国纷纷进行工业革命之际，清政府还沉迷于"天朝大国"的美梦之中，中国也就进入了落后挨打的境地，开始迎来了长达一个世纪的腥风血雨的抗争史。直到十一届三中全会以后，我们进入了改革开放的新时期。中国积极发展与世界各国的贸易关系、引进外资、学习西方先进的技术与管理、积极开展与世界各国的经济、科技、文化、政治交流。中国加入世界贸易组织，积极参与到世界全球化的浪潮中。现代的世界是开放的世界，任何一个国家，即使是经济非常发达的国家也不可能拥有本国发展所必需的全部资源，也不可能在所有方面都占有优势，不可能生产本国需要的全部产品，不可能局限于只消费本国生产的产品。随着生产社会化特别是经济全球化程度的进一步提高，国与国之间的经济交往更加密切，联合更加广泛，世界经济一体化格局日益形成；中国的发展离不开世界。1984 年，邓小平明确指出："关起门来搞建设是不能成功的，中国的发展离不开世界。"他指出：对内经济搞活，对外经济开放，不是短期的政策，而是长期的政策，即使是变，也只能变得更加开放。实行对外开放政策是追随世界经济发展趋势的客观选择：当今世界，随着最新通讯技术的运用和现代交通工具的变革以及各种交往手段越来越现代化，使国际经济生活的时空大大缩短，技术、资本、劳动、信息等生产要素在国际市场上自由流动，生产、流通、消费的社会化、国际化要求世界各国打开国门，迎接全球化带来的机遇和挑战。实行对外开放政策也是我国实现社会主义现代化的必由之路。我国目前还处于社会主义的初级阶段，即生产力尚不发达的阶段。我国与世界发达国家存在较大的差距，在追赶世界科技发展潮流、缩短与世界发达国家差距的过程中，面临着资金短缺、技术落后、管理经验不足、生产效益不高等诸多问题。这些问题解决与否以及解决程度的好坏事关我国经济发展目标的实现。我们只有实行对外开放，参与国际分工与合作，才能促进中国经济的持续、快速、健康的发展；实行对外开放还是我国总结历史经验与教训的结果。

内因是事物发展的根据，外因是事物发展的条件，外因通过内因起作用。因此，必须把内外因相结合，即必须把独立自主、自力更生与对外开放结合起来，两者是相辅相成，缺一不可的，共同构成中国特色社会主义发展的两个车轮。独立自主、自力更生地发展本国的经济，是实行对外开放的前提和基础；而对外开放可以增强独立自主、自力更生的能力，促进本国民族经济的发展。中国的发展，既要反对闭关自守，盲目排外，又要反对崇洋媚外，一切依赖外国的思想和行为。

二、辩证法宇宙观的基本派别

辩证法也有唯物主义和唯心主义之分。在古代有朴素的辩证法。产生于18世纪末、19世纪初的德国哲学家黑格尔的唯心主义辩证法，把辩证法思想系统化了。马克思主义的辩证法是唯物辩证法。

1. 古代朴素的辩证法

朴素辩证法是古代自发的、原始的辩证法，它是辩证法的最初表现形态。它直观地认识到一切事物都在普遍联系和运动变化之中，猜测到对立面的统一和斗争。在古代的中国和希腊，都有着丰富的朴素辩证法思想。

《周易》认为，事物都是对立面的统一，"一阴一阳谓之道"；对立面互相依存和转变，"曲则全，枉则直，洼则盈，敝则新"。

《易经》亦称《周易》。《易经》是中国传统文化"六经"之首，是我国古代含有哲学思想的占卜书，其中包含了我国古代朴素的辩证法思想。《易传》是由孔子所作。孔子晚年喜读《易经》，读《易经》而韦编三绝，对《易经》作了全面、深入的阐发，写出了《易传》。在《系辞传上》说："易有太极，是生两仪"。两仪也叫阴阳。"阴""阳"是《周易》的两个基本范畴，认为世界就是由这一对对抗性的势力相互作用而产生、变化、发展的。并由此派生出很多对立的概念，比如：吉凶、祸福、天地、君臣、出入、大小、远近、昼夜、进退、上下、生死、夫妇、泰否、损益等等。在这里已经产生了矛盾思想的萌芽。在《序卦》中写道："有天地然后万物生焉，盈天地之间者唯万物。"进一步说明万物的生成是由于对立的天地的存在。在《系辞传上》写道："在天成象，在地成形，变化见矣。是故刚柔相摩、八卦相荡，鼓之以雷霆、润之以风雨，日月运行、一寒一暑。"意思是说乾坤两卦是对立的统一体，有这个统一体相互斗争而产生运动变化，用这一变化来反映自然界中天地万物的情况。从中可以看出其基本思想就是强调了变化发展，即朴素辩证法的思想。此外《周易》中，还有矛盾普遍性的思想。在《序卦》中："物未始有穷，故以未济终焉。"意思是说，事物变化发展是无穷无尽的，旧的矛盾结束了，新的矛盾又开始了，事物是继续向前发展的，在有限的卦中，体现了无限的思想。此外，在《周易》中，还包含有矛盾转化的思想。"物极必反"代表了我国古代的矛盾转化观思想，这一思想在《周易》中，则成为"无往不复"。以乾卦为例，易挂的每个卦都有六个爻组成，乾卦六爻皆阳，"阳"用数字"九"代表。乾卦六个阳爻的顺序一次是：初九、九二、九三、九四、九五，最后一爻为上九。从初九"见龙在田"，事物逐步向好的方面发展，到九五"飞龙在天"，达到了极点，超过这个极点"物极则反于初"向坏的方面转化，上九是"亢龙有悔"，《易传·乾文言》解释说："亢龙有悔，穷之灾也。"因为"穷则变"，事物发展超过了它的"终极"必"反"。由此可见，所谓"无往不复"就是事物要发展到自己的反面去。

《老子》中有："有无相生，难易相成，长短相形，高下相倾，音声相和，前后相随"等对立统一的辩证法思想。

老子的朴素辩证法思想是以"道"为中心的辩证法体系，把"道"作为先于宇宙存在并生成宇宙万物的创造者。他的思想体系中包含着矛盾学说，揭示了事物发展的对立统一规律；论述了量变对质变的作用；提出"物极必反"的观点。一是老子的"矛盾对立统一"思想：老子认为万事万物都存在着矛盾，并且这些矛盾是相反相成、对立统一的。他说："天下皆知美之为美，斯恶已；皆知善之为善，斯不善已。故有无相生，难易相成，长短相形，天下相倾，声音相和，前后相随，恒也。"即天下人都知道之所以为美，是因为一定有了丑；都知道善之所以为善，是因为一定有了恶。因此，"有"和"无"是相对而生的，有了"有"才有所谓的"无"，同样有了"无"才有所谓的"有"。此外，"难"和"易"是相对而言的，"长"和"短"是相互比较而成的，"天"和"下"是相互倾覆反转的，"音"和"声"是相互应和的，"前"和"后"是相互依随的，这是普通的常理，是在比较中显示出来的。不过老子的矛盾思想和马克思的矛盾思想有着本质的区别。老子的辩证法思想是建立在唯心主义的基础上，他把"道"说成是"无"，又把"无"看成是万物的最后根源，而"有"则是"无"的发展。虽然老子的思想有其消极的一面，但是不可否认其思想对后世哲学研究乃至社会发展起着重要的作用。二是老子关于事物变化发展的质变量变规律：他认为"合抱之木，生于毫末；九层之台，始于垒土；千里之行，始于足下。"即再粗壮的树木也是从小树苗长起，再高大的建筑也是由一砖一瓦砌成，再遥远的路程也是一步一个脚印走出来的。其中包含着量变质变的道理。再如"图难乎，其易也为大乎，其细也。天下之难，作于易；天下之大，作于细。"即要克服艰难困苦，必须从克服简单容易处着手；要做成大事必须从小事着手。这些思想与马克思论述的量变质变思想有异曲同工之妙。

在欧洲，古希腊的赫拉克利特认为"一切皆变，无物常住"，"统一物是由两个对立面组成的"。

赫拉克利特是古希腊卓越的朴素唯物主义的辩证法思想家，他较为详尽系统地继承发展了米利都学派的朴素辩证法思想，是欧洲哲学史上"辩证法的奠基人之一"。他提出了万物流变的观点、对立统一的思想、逻各斯等思想。（1）一切事物都在不断地运动变化：他说："这个世界，对于一切存在物都是一样的，它不是任何神所创造的，也不是任何人所创造的；它过去、现在、未来永远是一团永恒的活火，在一定的分寸上燃烧，在一定的分寸上熄灭。""万物从火变化而来，又复归于火，一切都是火的转换"，即赫拉克利特认为"火"是万物的始基，并且世界是以火为基础的物质的变化过程。他的名言是"人不能两次踏进同一条河流，踏进同一条河的人经常遇到新的水流"，"不能在同一状况下两次接触到一件变的东西，因为变既剧且速"，"我们踏进又踏不进同一条河流，我们存在又不存在"。(2)关于对立统一的思想。赫拉克利特说："疾病使健康成为愉快，坏事使好事成为愉快，饿使饱成为愉快，疲劳使安息成为愉快"，"如果没有不义，人们也就不知道正义的名字"。这些内容包含着矛盾普遍存在、相互依存的思想。他不仅提出了对立面相互依存，而且还明确提出了对立的事物可以相互转化的思想。他说："我们身上的生和死、醒和梦、少和老始终是同一的，前者转化，就成为后者；后者转化，就成为前者"，"不死者有死，有死者不死，后者死前者生，前者死则后者生"，"火生于土之死，气生于火之死，水生于气之死，土生于水之死"，"土死生水，水死生气，气死生火，反过来也是一样。"赫拉克利特特别强调了矛盾双方的斗争关系。(3)"逻各斯"的思想。赫拉克利特认为，逻各斯是支配万物的对立统一法则，是世界一切事物运动变化所遵循的客观规律，万物"不是任何神所创造的，也不是任何人创造的"，而是由火产生，而火生成万物的过程受逻各斯的支配。世界过去、现在和将来永远是按照一定的规律燃烧和熄灭的永恒的活火。

缺陷：具有朴素、自发、直观和笼统的特点。对对立统一思想的阐述仅仅局限于用描述经验现象的方式。由于缺乏科学的根据，对世界只有笼统的描述，没有具体的剖析；只有总的看法，没有部分的分析；只有正确的结论，没有科学的根据。此外还具有猜测性，带有神秘主义色彩。

2. 唯心主义辩证法

黑格尔的辩证法是哲学史上辩证法思想的集大成者，他在唯心主义的基础上形成了一个完备的辩证法理论体系。他进一步继承了德国古典唯心主义哲学中的人本主义精神。黑格尔把人看作是一个纯粹的精神实体即指"自我意识",他把自我意识客体化为宇宙外物的实体,即"绝对理念",他的"绝对理念"是一个能够自我理解、自我实现的万能的上帝。他把宗教、信仰都归结为"绝对理念"发展过程中的一个环节,所以他坚持哲学高于宗教,他不是从宗教的立场来解释人而是从人的立场来理解宗教。但是,由于黑格尔的辩证法是建立在唯心主义的基础上,这就决定了它对宗教批判的不彻底性。

3. 唯物主义辩证法

唯物辩证法即马克思主义的辩证法,是由马克思首先提出,经其他马克思主义者(比较突出的如恩格斯、列宁、托洛茨基、毛泽东等)发展而形成的一套世界观、认识论和方法论的思想体系;是马克思主义哲学的核心组成部分。普遍联系和永恒发展是唯物辩证法的两个总的基本特征。矛盾(即对立统一)的观点是唯物辩证法的核心。马克思在批判继承黑格尔的辩证法和费尔巴哈的唯物论基础上建立了唯物主义的辩证法。实现了唯物主义与辩证法的统一。

第三章　矛盾的同一性和斗争性

矛盾是反映事物内部或事物之间的对立和同一及其关系的基本哲学范畴。对立和同一，是事物矛盾所固有的两个相反相成的基本属性或特性。矛盾对立的属性又称为斗争性，矛盾同一的属性又称为统一性。

第一节　矛盾的同一性

一、矛盾同一性的不同解释

1. 中国古代朴素的矛盾同一性

中国古代哲学中对矛盾同一性有丰富的理解，比如说《周易》《老子》《中庸》等书中都表现得很突出。

如果从表面上看《周易》体现的无疑是唯心主义的或是神秘

主义的，但如果进行深入的解读，就会发现里面包含有许多唯物主义和朴素辩证法的萌芽，其中也包含朴素的矛盾同一性思想的萌芽。在这其中就有明显的对立面相互转化的同一性思想。首先就矛盾对立思想来说，卦象中的阴阳，表示对立的事物。《周易》中还对福与祸、上与下、吉与凶、大与小等概念进行了论述，这些都包含着矛盾对立关系的朴素辩证法思想。除此之外，《周易》中矛盾思想还涉及对立面之间的联系和转化，即同一性。在距今三千多年的时候，中华民族的祖先就拥有这样深刻的辩证同一思想，令人感慨不已。

　　《老子》中也有关于矛盾同一性的思想。在《老子》短短的五千字里面阐述最多的就是对立事物的互相依存的同一性，具体分析起来主要有以下三种：首先是一方面以另一方面为存在的基础的同一。例如，大与小、贵与贱、难与易、高与下，一方的存在必须以另一方的存在为前提，没有一方的发展，另一方的发展也不会实现。要做成难事必须从简单的事情开始，要做成大事，必须从小事做起。还论述了高低、贵贱之间的关系。其次是对立面互相依存的同一。例如，"祸，福之所倚；福，祸之所伏。"这句话的意思就是说，看上去是灾祸的事情，可能引发福事；而本来是福的事，又有可能引来大祸。由此表明对立的福祸，其实彼此就是互相倚伏、不可分离的。最后就是对立双方互为存在前提的同一。例如，美与恶之间的关系。老子说："天下皆知美之为美，斯恶已。皆知善，斯不善已。故有无之相生也，长短之相形也，高下之相盈也，音声之相和也，先后之相随，恒也。"这句话的意思是：天下人都知道美之所以为美，那是由于有丑陋的存在；都知道善之所以为善，那是因为有恶的存在。所以有和无互相转化，难和易互相形成，长和短互相显现，高和下互相充实，音与声互相谐和，前和后互相接——这是永恒的。这显然是说这些对立面之间是彼此互相依存的，一方的存在以另一方的存在为前提，离开了或没有了另一方，这一方也就不存在了，或失去了存在的可能。

《中庸》中的矛盾同一性也体现得很突出。我们在现实生活和理论研究中有时习惯于把儒家所遵循的"中庸之道"理解为反辩证法的形而上学、折中主义、调和矛盾等等。这是不合适的，因为这种理解代替了哲学分析，忽视了"中庸之道"自身的涵义及其积极的一面。《中庸》里的"中"就是适时、适中、恰到好处。这在矛盾同一性方面主要体现了方法论的涵义。例如，当子贡问"师"与"商"这两个人谁更贤时，孔子在回答说师"过"，商"不及"之后，又指出："过犹不及"，这就是说"过"与"不及"都是不可取的。可见作为一种方法论，中庸之道是正常之道，不偏不倚，要求在"过"或"不及"的矛盾对立中把握其同一性。

综上，我国古代哲学里面就包含了丰富的关于矛盾同一性的思想。这些思想一方面由于当时历史和社会条件的限制，在其内容上不可避免地带有朴素性，也有某些缺陷或不彻底性。另一方面却为我们正确认识马克思、恩格斯的唯物辩证矛盾同一性提供了比较的对象，对我国古代的这些朴素的矛盾同一性思想的认识将有助于我们对马克思、恩格斯的矛盾同一性涵义更好的理解。而且这些朴素的矛盾论思想也是毛泽东《矛盾论》的思想源泉之一，朴素矛盾论中的很多例子直接被毛泽东的《矛盾论》所引用。因此，对古代朴素的矛盾同一性的认识也有助于对毛泽东《矛盾论》观点的理解。

2. 西方朴素的矛盾同一性

赫拉克利特可以说是西方哲学史上最早发现和揭示事物自身矛盾运动和对立面同一性的人。他指出："一切都有对立产生"；又说："对立物存在于同一东西中。"赫拉克利特从以下几方面对对立面同一的内容作了具体的阐述。第一，对立面双方合一的同一性。他指出了上升的路和下降的路是同一条路；在压榨器里面直的纹路和弯的纹路是同一条纹路。第二，对立面相反的同一性。他指出互相排斥的东西结合在一起，不同的音调混合之后成为最美的和谐，这就是差异中的同一。第三，对立面互相转化的同一性。赫拉克利特认为生死、老少其实是一回事，两者可以互相转化。这就是赫拉克利特的矛盾同一性的主要内容。综上，赫拉克利特的矛盾同一性指的是一个变化的过程，黑格尔认为这是他的伟大原理。赫拉克利特的矛盾同一性学说正确反映了客观世界对立多方面的同一性及其矛盾运动的过程。但我们应该意识到他的思想具有直观、朴素的特点。虽然赫拉克里特的朴素矛盾同一性有其局限性，但为我们更好地理解马克思、恩格斯的矛盾同一性思想奠定了基础。

在西方哲学史的发展历程中有对矛盾同一性的不同解释。柏拉图与赫拉克利特关于矛盾同一性的观点相接近；亚里士多德探讨了潜能与现实、有与无、发生与消灭、同与异的对立面的同一性；中世纪末文艺复兴时期，乔尔丹诺·布鲁诺认为对立面是一致的或吻合于一的。在近代，对立面同一的观点由于形而上学的统治，在一定程度上遭到了漠视。到了康德时期，他的矛盾观点是只承认矛盾的对立性，不承认其同一性；谢林指出了对立面的同一，却是绝对的同一；黑格尔认为对立与同一是辩证的，但是建立在唯心主义的基础之上。黑格尔的矛盾观点成为马克思、恩格斯矛盾同一性观点的直接来理论源。从矛盾同一性在西方发展历程中可以总结出，自赫拉克利特以来的西方古代哲学家，他们的矛盾同一性都具有朴素的特点，这是着眼于对具体事物的分析，没有进行抽象概括，即没有上升到哲学的高度。从柏拉图到黑格尔，矛盾同一性得到了抽象的概括，遗憾的是建立在唯心主义基础之上。只有到了马克思、恩格斯这里，矛盾同一性才成为真正的辩证的同一性——即建立在唯物主义基础之上的辩证同一性。

3. 西方马克思主义的矛盾同一性

西方马克思主义的矛盾同一性以卢卡奇和法兰克福学派的阿多诺为代表。卢卡奇认为辩证法是马克思主义最本质的东西，但他的辩证法中的矛盾观点是：只强调同一，而不强调对立。卢卡奇认为，主体和客体的同一是马克思从黑格尔那里继承过来。不同的是马克思找到了主体和客体同一的真正历史基础——伟大的无产阶级。因为，以无产阶级为代表的广大人民群众是历史的创造者，而无产阶级有着同人类利益相一致的特殊利益。但卢卡奇又认为，在资本主义社会，无产阶级是作为被动的因素而存在，即作为客体的因素而存在。我们的任务就是创造一个能够变成主体的改造世界的无产阶级。这样的无产阶级才实现了主客体的统一。但是，在卢卡奇看来，主客体的统一和相互作用只局限于社会历史领域。在自然界只有客体，没有主体，因此就不存在什么辩证法。

法兰克福学派也认为辩证法只存在于社会历史领域，这和卢卡奇的观点相一致。但法兰克福学派认为主客体不可分离，反对把辩证法本体论化。从而提出了否定的辩证法，对资本主义进行无情的批判与否定。其中，阿多诺的"非同一性"的观点最具代表性。

在阿多诺看来，辩证法的核心是非同一性，这也是与传统辩证法的区别之所在。而他的辩证法是否定的辩证法，否定辩证法以非同一性为核心，即否定一切，一切都要经历否定的检验。他对科学技术的批判在一定程度上反映了资本主义国家文化的堕落和消极方面。他对资本主义展开了无情的批判，在批判之后，就陷入了对未来的悲观与绝望。所以真正的同一性还得回归到马克思与恩格斯那里——辩证的同一性。

二、矛盾同一性的内容

矛盾的同一性是指矛盾着的对立面相互联系的属性，它体现着对立面之间相互吸引的趋势。这里所说的"同一"，是一个有特定含义的哲学范畴，不能按日常生活用语把它理解为"同一个东西"。关于矛盾的同一性，列宁和毛泽东都用过不同的术语来表达，如统一性、一致性、互相依存、互相依赖、互相联结、互相渗透、互相贯通、互相合作等等。这些说法都是从不同的侧面来揭示矛盾同一性内容的，同时也说明同一性的表现形式是多样的。但无论表现为何种具体形式，一般可以概括为以下两种情况：

第一，矛盾双方相互依存、互为存在的前提。客观事物都是由矛盾着的对立双方构成的统一体。矛盾双方就像一对连体婴儿，矛盾的每一方，都不能孤立地存在和发展，矛盾双方必须彼此互为媒介、互为存在和发展的前提和条件，互相规定双方的性质；

如果失去了对方，自身也无法以原有的状况和性质存在了。一切矛盾着的事物或人们头脑中矛盾着的概念都是如此。就像地球上的两极：南极和北极，他们作为矛盾的双方，必须同时存在于地球上，如果没有南极这一端，也就无所谓北极的存在。北极的存在以南极的存在为前提。没有生，也就无所谓死；没有死，也就没有生的概念。没有上，也就无所谓下；没有下，也无所谓上。没有祸，就无所谓福；没有福，也就无所谓祸。没有剥削阶级，也就没有被剥削阶级；没有被剥削阶级，也就不存在剥削阶级。没有西欧、美国这样的发达国家的存在作为对比，也就不会得出我们国家是发展中国家的结论；没有发展中国家的存在，也就无所谓发达国家了。正和负、作用和反作用、真理和谬误、对与错、先进与落后，等等，这些互相对立的方面在一定条件下相互依赖，失去一方他方也就不存在。自然界、人类社会、思维中的任何事物或现象，都是作为这样的矛盾统一体而存在的。矛盾双方的这种相互依存性，是矛盾同一性的一个基本含义。

第二，矛盾双方相互渗透，相互贯通。矛盾双方不仅相互依存，而且相互贯通，存在着一条由此达彼的桥梁。

其一，矛盾的每一方都包含和渗透着对方的因素。矛盾统一体是由两个相互排斥的对立面组成的，但他们之间不是绝对不相容的，而是各自包含着对方的因素。恩格斯指出："一极已经作为胚胎存在于另一极之中，一极到了一定点时就转化为另一极"。"祸兮福之所倚，福兮祸之所伏""塞翁失马，焉知非福"这些都包含着这一思想。生里面包含着死，死里面包含着生；感性认识阶段包含着理性认识的因素，理性认识阶段包含着感性认识的因素等等。

塞翁失马的故事

《淮南子·人间训》中记载：古代边塞地区有一位老翁，他的一匹马跑出国境丢失了。别人都认为不幸，特地来安慰他。他却说："这说不定还是福呢！"过了几个月，他的那匹马意外地带领着国外一匹骏马跑回家来。别人都来祝贺他，他又说："这说不定还是祸呢！"他的儿子见到新骏马，高高兴兴地牵着到村外试骑，一不小心掉下马来，把大腿骨跌断了。别人又来安慰他，他还说："这说不定还是福呢！"果然，过了一年，朝廷发动了战争，凡年轻人都被征去打仗，只因他儿子是跛子，没有被征去。这个故事说明了矛盾可以互相转化的道理。一些看起来是"祸"的事，在一定条件下可以转化为"福"，看问题不要绝对化了。

其二，矛盾双方的直接同一。马克思在论述生产和消费的同一性的三种表现时，就指出"直接的同一性"是其中的一种表现。生产过程同时也是消费过程，即不管是物质资料生产部门还是消费资料生产部门，在进行生产时，都要消费劳动力、原料、工具、燃料，等等，因此可以说生产就是消费。消费过程也同时是生产过程，即劳动者消费生活资料的过程其实就是劳动者体力、智力的再补充过程，为下次生产积攒力量，这就是劳动力的生产过程。所以，消费也即是生产。"你即是我，我即是你"，二者是直接同一的。

其三，矛盾着的对立面彼此贯通，包含着相互转化的趋势。对立面之间不仅相互依存，而且在一定条件下互相转化。这就是说，事物内部矛盾着的两方面，因为一定的条件而向着和自己相反的方面转化去了，向着它的对立面所处的地位转化去了。

纵观人类历史的发展过程，矛盾转化的现象比比皆是。在资本主义社会，资产阶级是统治阶级，无产阶级是被统治阶级，无产阶级忍受资产阶级的剥削与压迫。当阶级矛盾激化到一定的程度，即到了无产阶级无法再忍受这样的统治，而资产阶级也无法照例这样统治下去的时候，无产阶级就会通过暴力革命的手段推翻资产阶级的统治，从而建立起自己的统治，即无产阶级专政。此时，原来作为被奴役剥削的无产阶级，此时已经上升为统治阶级，而原来作为统治阶级的资产阶级由于政权的丧失，已经沦为被统治阶级。这就是统治阶级和被统治阶级双方地位的转化。

我们过去实行的土地革命，使拥有土地的地主阶级成为丧失土地的阶级，而使曾经失去土地的农民阶级成为了拥有土地的小私有者。有无，得失在一定条件下相互转化。而到了社会主义的条件下，农民的私有制又转化为社会主义的公有制，公私之间又进行了一次转化。

总之，矛盾着的对立面之所以能够相互转化，就是因为对立面之间本来就存在着由此及彼的贯通性，包含着相互转化的趋势。这种矛盾双方相互转化的趋势，正是对立面具有内在同一性的明显表现。

三、矛盾同一性在事物发展中的作用

矛盾同一性在事物发展中的作用，主要表现在：

第一，矛盾的同一性在事物发展的量变阶段起着显著的作用。一个新的矛盾统一体产生以后，它的相对稳定性是这一事物存在的条件。而正是矛盾双方相互依赖、相互贯通的特点才使事物的相对稳定性成为可能。比如，在资本主义制度建立的初期以及上升期，为了保持资本主义的快速发展，社会的稳定是前提。所以资产阶级往往采用一些缓和阶级矛盾的手段，比如提高工人工资待遇，提高工人福利，甚至让工人可以持有公司的股票，调动了工人生产的积极性，缓和了双方的矛盾，从而促进生产力的发展和社会的稳定。

此外，矛盾双方相互吸收有利于自身的因素，在相互利用、相互促进中得到发展。由于矛盾双方相互贯通、相互依赖，处于共同体中，而双方都包含着有利于对方发展的因素。通过彼此借鉴，可以达到共同发展。当今经济全球化，经济区域一体化，使资本主义国家和社会主义国家的联系日益密切，求同存异、互利共赢成为共同的选择。社会主义可以吸收资本主义先进的技术、管理经验，促进自身的发展。同样，资本主义也可以利用社会主义的有利因素促进自身的发展。

第二，在事物发展的质变阶段，同一性也起着重要的作用。矛盾双方的相互联结，相互贯通，从而决定了事物发展的基本趋势。同一性在事物从旧质向新质的转变过程中起着桥梁的作用。A事物之所以能转化为B事物而不是C事物，就是因为事物A、B内部存在着内在的联系，有同一性。比如，资本主义社会为什么会转化为社会主义社会而不是奴隶社会，就是因为资本主义中资产阶级和无产阶级的矛盾双方地位发生了转化，由资产阶级统治到无产阶级统治。即由资本主义社会转为社会主义社会就是这一矛盾所决定的基本趋势。

四、矛盾同一性在当代的运用和发展

毛泽东的矛盾同一性思想是从实践中产生并经得起实践检验的思想。它从提出以来就被我国的革命和建设所运用并且具有巨大的指导意义。特别是对我国当代社会主义和谐社会建设更是起到至关重要的作用。反过来，当前我国逐步形成的中国特色社会主义理论实践体系，也极大地丰富和发展了毛泽东的矛盾同一性思想。这一思想在现实中的具体应用如下：

1. 在统一战线问题上的体现

作为中国新民主主义革命三大法宝之一的统一战线，它是毛泽东的矛盾同一性思想的生动体现。统一战线的建立离不开矛盾同一性的思想。统一战线是一定历史条件下的产物，它是不同阶级、阶层、党派等社会力量的有机结合。这条线必然存在着两个方面的特点：一方面是各种社会力量在为共同的目标奋斗时必然存在着"同"，即共同点、追求共同的利益；另一方面是各种社会力量之间必然存在着"异"，即不同点、有着不同利益和不同要求。这两个方面构成了同和异两个对立又统一的方面，这时矛盾的双方面是相互依存的。如果只有相同而没有不同，那么只剩下单一的相同的力量是不能构成统一战线的。反之，如果只有不同而没有相同，统一战线被建立起来的几率也会很小。《论反对日本帝国主义的策略》这部著作，就是毛泽东合理运用了矛盾同一性的思想，先研究对立面如何同一，然后再去寻找转化的条件以达到同一。在现实的社会历史现状下，各阶级的同盟与联盟都体现了矛盾同

一性的特点。从同与异的角度来说，统一战线的建立既要包括各
方力量的共同利益追求，同时也会掺杂着不同的"声音"，他们为
了完成共同的目标而组成了政治联盟。统一战线是同和异这一矛
盾双方的辩证统一。在统一战线内部，必须尽力求同，同时必须
存异，不存异就失去了各种社会力量存在的独立性。统一战线要
求的就是求同存异。因此，在抗日战争时期，要团结一切可以团
结的力量共同争取抗日战争的胜利。地主阶级、国民党这些所谓
的反动势力，虽然是革命的反对者，与工人阶级在根本利益上相
矛盾，但在面对日本的侵华势力时，又有着保家卫国的共同利益。
此时，求同存异，尽可能争取一切可以团结的力量，尽力发挥矛
盾双方的同一性，从而为争取抗日战争的胜利奠定了阶级基础。
此外，国民大革命时期的统一战线，土地革命战争时期的人民民
主统一战线，以及现在的爱国主义统一战线都是积极利用矛盾的
同一性的作用，为我国新民主主义革命的胜利和社会主义现代化
建设事业产生了积极影响，因此统一战线是我们党的一大法宝。

2. 在解决港澳台湾问题上的具体运用

辩证唯物主义认为，在自然界和人类社会中，每一事物内部都
不是绝对的同一，而是存在着对立统一的关系，即矛盾。事物的
发展变化正是矛盾运动的必然结果。一国两制，和平统一祖国的
内涵充分体现了唯物辩证法的矛盾同一性思想并且具体地反映了
事物自身内部存在的这种矛盾规律。"一国两制"最突出的特点就
是一定时期内，资本主义制度在社会主义国家某些地区内具有存
在的合理性，并且是符合现实要求的。然而在我们旧观念里，资
本主义制度和社会主义制度是天然不可调和的，时刻存在矛盾和

斗争，让两种对立的制度存在一个国家里是很不现实的；可是在我们中国却利用矛盾同一性规律让两者共存成为可能。我们不能只看到事物斗争的方面而忽略了可以共通的地方。我们必须承认社会主义和资本主义的对立也是矛盾对立的鲜明体现，社会主义就是打败了资本主义才产生的，本身就是资本主义的反面。社会主义是以消灭资本主义私有制为前提的，它要确立的是生产资料公有制。然而，世界上一切事物都是对立统一的。而统一，就是不同性质的东西的统一。社会主义从其性质上说，是与资本主义相对立的，但不管它们如何对立，在它们发展的过程中又总是相互斗争、相互渗透的，也就是说它们之间还存在着同一性。特别是在当今全球化日益强化的情况下，实行社会主义制度的国家和实行资本主义制度的国家是彼此对立又彼此不可分离的。坚持社会主义的人士已经认识到，社会主义最终目标的实现将是一个相当曲折的长期发展进程。在这一进程中，社会主义不可避免地要同资本主义共存于同一个世界，因此当第一个社会主义国家苏联出现之后，列宁就提出了社会主义国家可以与资本主义国家和平共处的观点。现在，现实证明不同社会制度的国家的共处是可行的。而"一国两制"思想又充分证明了一个国家里，制度不同的地区也可以和平共处。

"一国两制"的科学构想是邓小平以对立统一规律作为思想基础，为了解决港澳问题而提出来的重大决策。虽然大陆与港澳地区存在很多不同但是在这一构想的指导下却让两个地区统一到一个中国的前提下。这离不开邓小平在处理问题时不只是看到了二者之间存在斗争排斥的一面，也看到了对立的双方有共存的条件，也就是港澳和大陆之间有内在的不可磨灭的联系。这表现在：第一，港澳台本来就是中国领土的一部分，台湾人、香港人、澳门人都是中国人的一部分。第二，具有共同的利益。港澳台与大陆发展条件和发展程度虽有差距，但双方都面临着改革的需要，都需要不断地对各自的现行制度加以改变和完善，这就决定了双方都希望有一个和平的政治环境，在这一方面双方是有共同利益的。第三，祖国统一是包括港澳台同胞在内的全体中国人的共同心愿。合则两利，分则两伤，彼此休戚相关，福祸与共。大陆与港澳台的命运相关，一荣俱荣，一损俱损。孙中山曾经指出："统一是全体国民的希望。能够统一，全国人民便享福；不能统一，便要受害。"所以，只要是中华儿女，都将为中华民族的伟大复兴而努力。

3. 在社会主义和谐社会理论中的新发展

构建社会主义和谐社会为毛泽东矛盾同一性思想的发展提供了新的广阔的发展空间和动力。胡锦涛在《中共中央举办的省部级主要领导干部提高构建社会主义和谐社会能力专题研讨班开班式上的讲话》和《中共中央政治局第二十次集体学习时的讲话》，对社会主义和谐社会思想作了系统阐述。胡锦涛指出：根据马克思主义基本原理和社会主义建设的实践经验，根据新世纪我国经济社会发展的新要求和我国社会出现的新趋势以及新特点，我国所要构建的社会主义和谐社会，应该是民主法制、公平正义、诚信友爱、充满活力、安定有序、人与自然和谐相处的社会。我们所要建立的和谐社会应该是体现社会主义本质的、现代的、新型的和谐社会。

社会主义和谐社会具有十分丰富的内涵。从整体上看，它体现了人与人，人与社会以及人与自然之间的矛盾关系。和谐的关键在于这些矛盾关系的同一。具体地说，主要有以下几个方面：一是人自身的和谐。人是社会发展的主体，人的个性和谐既是社会和谐发展的根本前提，也是自然与社会的产物。因此，从根本上说，人自身的和谐就是要实现人的自由而全面的发展，就是要人们拥有健全的人格以及正确的世界观、人生观和价值观，能够正确地处理个人与自然、个人与社会的关系，实现与自然和社会和谐相处。二是人与自然的和谐。自然环境是人类生存和发展的必备前提和条件。自然界向人类提供很多的不可再生的资源，而人的欲望有时无限，这种资源的稀缺性与人欲望的无限性构成了矛盾。我们在追求发展进步的过程中造成了人与自然的不和谐，同时生态环境恶化也会制约经济和社会的发展，从而影响了人民生活水平和生活质量的提高。因此，我们必须走人与自然和谐发展的道路，保护和改善生态环境，发展循环经济，提高资源利用的效率，这是我们重新审视人与自然的关系后作出的科学选择，也就是可持续发展。三是人与人、人与社会之间的和谐。这包括个人与个人、群体与群体之间、个人与群体之间的关系。人与人之间的关系本质上是一种经济利益的关系。因此，要实现人与人之间关系和谐，各种经济利益的关系是必须首先协调和处理的。另外，人与人之间的关系也体现一种社会的关系，作为生活在社会中的人，社会关系是人的关系的本质，一系列的社会关系的建立都离不开人们参与的社会实践。在社会实践中确立了各种的社会关系。然而，社会关系一旦被建立并被固定化、制度化，就会影响人与人之间的关系的形成与发展。因此，人的发展与社会的发展之间是相互作用、相互制约的。而人和社会的和谐发展也就成为人们追求的理想和目标之所在。四是国家作为一个社会大系统，其内部要素的和谐与矛盾。国家是一个由经济、政治、文化等要素相互联系、相互制约、相互影响而形成的有机统一体。一个和谐社会必须是各要素的关系协调发展并且和谐统一。这体现在：所谓和谐社会重要的也是各种关系的协调。首先是经济关系、政治关系和思想关系之间的和谐，也就是说生产关系必定要适应生产力发展的要求，上层建筑的改变也不能离开经济基础的革新，这有利于实现社会基本矛盾关系的同一，让全社会的物质与精神、政治与经济协调发展，共同进步。另外，国内的各地区、各行各业也必须为实现和谐发展而贡献力量。

综上所述，社会主义和谐社会建设，要达到人与人、人与社会、人与自然等诸多方面的和谐，正是毛泽东矛盾同一性思想的当代价值的具体体现。在矛盾同一性思想的指导下，结合我国经济社会发展的客观要求，才形成了社会主义和谐社会思想，从而使得党和国家确立了构建社会主义和谐社会的目标。无论是从理论上的发展要求，还是实践上的客观需要来看，社会主义和谐社会理论都从各个方面丰富了矛盾同一性思想，并推动了其发展。

第二节 矛盾的斗争性

一、矛盾斗争性的内涵

矛盾的斗争性是指矛盾着的对立面之间相互排斥的属性，体现着对立双方相互分离的倾向和趋势。这里的斗争是一个具有广泛含义的哲学范畴，不能把斗争狭隘地理解为政治范畴。它涵盖了自然、人类社会和思维这些领域里的一切相互对立和排斥的现象。矛盾的斗争性，可以用不同的术语来表达，比如，相互反对、相互否定、相互限制、相互分离等等，都有矛盾双方相互排斥的含义。例如，自然领域中的各种物质形态的吸引和排斥、化合和分解、正电和负电、遗传和变异，等等。在社会领域中，剥削阶级和被剥削阶级之间的斗争，固然是斗争，而人民内部的批评和自我批评，生产上的劳动竞技，学术上的百家争鸣，也都是斗争的种种表现。生产和消费是直接同一的，但生产和消费毕竟不同，生产是创造财富的活动，而消费却是消耗财富的活动。

二、矛盾斗争性的表现形式

矛盾的斗争性的具体表现形式是多种多样的，不同的具体矛盾的斗争性都有特殊的表现形式。不能把矛盾的斗争性同矛盾斗争的具体形式混为一谈。矛盾斗争的具体形式因矛盾的性质及其所处的条件不同而不同。敌我对垒、两军交战，固然是斗争，但只是斗争的一种具体表现形式。如果把矛盾的斗争只归结为对抗一种形式，一讲斗争就"势不两立，你死我活"，乱斗一气，是完全错误的。

三、矛盾斗争性在事物发展中的作用

矛盾斗争性在事物发展中的作用，主要表现在：

第一，矛盾斗争性对事物的量变起着重要的作用。矛盾双方的斗争性使双方力量此消彼长，这既保持了事物的相对稳定性，推动事物的量变，又为事物的质变作了准备和创造了前提。事物的发展是从量变开始的，矛盾双方在此消彼长过程中，没有达到一定的界限，即仍在一定度的范围内斗争，就还处在量变的阶段，为质变积攒着力量。

第二，斗争性在事物质变过程中的作用更加显著，也更加重要，起着决定性的作用。事物矛盾双方的此消彼长是一个不断的过程，当达到了一定的限度，必然会带来旧的矛盾体的解体新的矛盾体的产生，此时就发生了所谓的质变，由一事物变成了另一事物。例如分子运动中，分子存在着"引力"和"斥力"的矛盾斗争。这种分子间的吸引和排斥的斗争，是物质存在的状态不断改变。水的固态、液态和气态的相互转化，就是水分子间吸引和排斥的矛盾斗争发展的结果。当温度在零度到一百度之间时，随着温度的升高，排斥力在增强，而吸引力在减小。当温度超过一百度时，斥力也超过了吸引力，此时水就发生了质变，由液态转化为了气态。

第三节　矛盾同一性和斗争性的关系

矛盾的同一性和斗争性是既相互区别又相互联结的。

一、矛盾同一性和斗争性的区别

同一性和斗争性是有区别的，它们是矛盾的两种相反的基本属性。矛盾的同一性和斗争性是相对和绝对的关系。同一性是相对的，斗争性是绝对的。列宁说："对立面的统一（一致、同一、均势）是有条件的、暂时的、易逝的、相对的。相互排斥的对立面的斗争则是绝对的，正如发展、运动是绝对的一样。"矛盾同一和斗争关系中的相对性和绝对性，主要指的是有条件性和无条件性。

第一，矛盾同一性的相对性是指它的有条件性。只有在一定条件下，矛盾双方才能共居于一个统一体中，才能相互依存、相互贯通，才有相互转化的趋势。毛泽东说："为什么鸡蛋能够转化为鸡子，而石头不能转化为鸡子呢？为什么战争与和平有同一性，而战争与石头却没有同一性呢？为什么人能生人不能生出其他东西呢？没有别的，就是因为矛盾的同一性要在一定的必要的条件之下。缺乏一定的必要条件，就没有任何的同一性。"

1917 年，俄国二月资产阶级革命之后，同年十月又发生了无产阶级社会主义革命，是因为俄国是帝国主义链条上薄弱的一环，资产阶级深受国内封建势力、国外资产阶级的制约，力量相对弱小，所以俄国具有了从资产阶级革命向社会主义革命转化的条件。而 1871 年的巴黎公社却失败了，没有实现社会主义革命的胜利，是因为当时法国的资本主义还处于上升时期，资产阶级的力量相对强大，所以不具备实现社会主义革命的条件。

因此，在事物的发展过程中，具备了一定的必要条件，矛盾才能形成，才能为以后矛盾的进一步转化创造条件。

第二，矛盾斗争性的绝对性是指它的无条件性。意思是说，任何事物或现象只要构成了一对矛盾，矛盾双方无论在任何条件下都在斗争着，而不随条件的改变而改变，除非这一对矛盾消失。只要矛盾存在，斗争就存在。双方总是处在相互排斥的关系之中。所以，斗争性是无条件的、绝对的。

第三，矛盾的同一性和斗争性有绝对和相对的差别，但是决不能把这种差别简单地看成是绝对比相对重要，绝对是积极的、革命的，而相对是消极的、保守的。斗争性和同一性何者更为重要，应取决于矛盾的性质、特点、发展阶段以及矛盾运动所处的具体条件，需要对具体问题具体分析，不能一概而论。比如，在社会形态转型时期，阶级矛盾的斗争性一面就显得尤为重要，甚至让其充分发挥作用，从而促进社会向更高级的阶段发展。而当社会处于相对和平昌盛时期，就像我国目前所处的社会主义建设的关键时期，各种矛盾依然存在，但为了为建设创造良好的条件，就需要把矛盾的斗争性向同一性转化，或者减少斗争性的作用，极大发挥同一性的作用。和谐社会的建设就是如此。

二、矛盾同一性和斗争性相互联结

矛盾的相对的同一性和绝对的斗争性不能彼此孤立地存在，二者是相互联结、相互制约、不可分割的。同一性和斗争性是任何矛盾不可分离的两种基本属性。只有斗争没有同一的矛盾，或者只有同一而没有斗争的矛盾都是不存在的。同一性和斗争性作为矛盾的两种基本属性，失去其中任何一种，都不成其为矛盾。

第一，斗争性不能离开同一性而存在。矛盾的斗争是在一个统一体内部的斗争，差别和对立总是和同一相联结的。矛盾双方不具有同一性、双方不存在于一个统一体中，就根本无斗争性可言。所以，斗争性就存在于同一性之中，同一性中包含着斗争性，斗争总是这一个或那一个统一体内部的斗争。从这个意义上讲，没有同一性就没有斗争性。比如，资本主义的生产方式孕育了资产阶级和无产阶级这对矛盾，为资产阶级和无产阶级的共存提供了物质基础。正是这一资产阶级的生产方式把资产阶级和无产阶级放置于同一个生产方式下，即一个共同体中，也是在这一生产方式中，才产生了资产阶级剥削工人的现象，即产生了资产阶级和无产阶级的矛盾与斗争。

斗争性依赖于同一性，就必然为同一性所制约。矛盾的具体的同一性制约着矛盾斗争的性质和形式，制约着斗争的界限。没有不受同一性制约的斗争性，没有脱离同一的绝对的对立。毛泽东说："斗争性即寓于同一性之中。"如果对立面之间没有联系，失去了"寓所"，就根本"斗"不起来。举一个很简单的例子：小红和小丽是同一个班级的两个成绩最好的学生，她俩必然会在学习上构成竞争，都默默地为争取第一名而努力，甚至由于竞争激烈，彼此内心产生意见。之所以两人能形成矛盾的双方，关键是因为两人处于同一个班级，一起争夺班级的第一名。如果，她俩不在同一个班，或者根本不认识，那就不会形成矛盾的双方，也就无所谓竞争不竞争了。

斗争性离不开同一性，还因为斗争性不是孤立存在，而是和同一性相伴随。比如，只要接触过一点哲学的人都知道，唯物主义和唯心主义是哲学上的两大基本对立的派别。所以，很多人就会形成一个错误的认识，把两者的斗争性绝对化，看不到两者的同一性。说两者对立其实是有前提的，是在何者第一性，何者第二性，谁决定谁的意义上来说的。唯物主义认为物质决定意识，物质是本源，意识是派生；唯心主义认为意识决定物质，意识是本源，物质是派生。从这一角度来理解，两者肯定是对立，完全相反，毫无疑问。我们肯定唯物主义的积极意义，但也不能完全否定唯心主义。就像列宁所认为的那样，"聪明的唯心主义比愚蠢的唯物主义更接近于聪明的唯物主义"。他又说，唯心主义"不是没有根基的，它无疑是一朵不结果实的花，然而却是生长在活生生的、结果实的、真实的、强大的、全能的、客观的、绝对的人类认识这棵活生生的树上的一朵不结果实的花"。这就是说，唯心主义和唯物主义都是生长在人类认识之树之上的花朵（这就是两者的同一性），不过前者是不结果实的，后者是结果实的。这个比喻就很形象地说明了唯物主义和唯心主义的对立中也包含着同一的因素。没有离开同一的斗争，斗争性不是完全孤立地存在的。这就坚持了斗争性和统一性的辩证法思想，而不是把它们看作是二元对立。

　　同样，把形而上学和辩证法看成是完全对立的观点，也是不正确的。在我们国家，"形而上学"已经变成一种错误的思想方法的代名词。这是一个很大的误解。包括我们学习哲学的很多人，都还存在这一错误的认识。黑格尔把形而上学的思维方法列入知性的范畴，它属于思维的初级阶段，也是认识的必经阶段。没有知性，就没有思维的确定性。黑格尔的认识分为三个阶段：感性阶段、知性阶段、理性阶段。因此，要达到一个完整的认识过程，就不能把认识仅仅停留在知性阶段，要进一步向理性阶段迈进。因为理性超越了知性的局限性，是对知性的扬弃，而不是抛弃。

恩格斯继承了黑格尔的这个思想。形而上学的思维方式在一定范围内是合理的，甚至必要的，"对于日常应用，对于科学上的细小研究，形而上学的范畴仍然是有效的"，即这个必要与合理是有条件的，必须在一定的范围和界限内，一旦超出了这一范围，形而上学就变得狭隘与片面。

关于辩证法和形而上学思维方法的关系，或理性和知性的关系，最好的例证是相对论和量子力学同牛顿力学之间的关系。相对论和量子力学超越了而不是抛弃了牛顿力学，它指出了后者的局限性。牛顿力学可以看作是相对论的特殊情况。在宏观和低速的范围内，牛顿力学仍是有效的。牛顿力学的方法是形而上学的，相对论和量子力学的方法是辩证的。所以，不能因为相对论和量子力学比牛顿力学的进步而否定牛顿力学历史贡献。要知道，没有牛顿力学的存在，也就很难出现相对论和量子力学。相对论和量子力学是对牛顿的力学的扬弃，而不是完全否定。即辩证法是对形而上学的扬弃，批判继承，而不是完全否定。既然是扬弃，就是有统一性的差异。所以把辩证法同形而上学绝对对立起来，这本身就是违反辩证法的。

第二，同一性也不能离开斗争性而存在。同一，不是绝对的同一、不是等同，而是以差别和对立作为前提，是包含着差别和对立的同一。因此，同一性必然为斗争性所制约。没有矛盾双方的相互对立、相互斗争，就谈不上矛盾双方的相互依存、相互贯通。比如，资产阶级和无产阶级的矛盾运动，无产阶级为争取自身的利益，斗争从未停止过，正是两者的斗争，构成资本主义社会发展的动力，推动资本主义社会的发展，同时，也促进资产阶级和无产阶级的共同进步。当无产阶级消灭资产阶级的时候，也就消灭了其自身。斗争性的消失，同时也是同一性的消失。又如，生物之所以保持着生命的活力，就是因为每时每刻都在进行着新陈代谢这一过程，即不断进行着吸收和排泄的运动。所以，每一瞬间生物本身既和自己相同一，又和自己相区别，使得今天的生物有机体有别于昨天的生物有机体。否则，生命也就停止了。正是因为每时每刻的差异性，使得生物体保持着活力，保持着这个有机体的存在，即同一性的存在。

总之，矛盾的同一性和斗争性是相互联结的。恩格斯指出："所有的两极对立，总是决定于相互对立的两极的相互作用；这两极的分离和对立，只存在于它们的相互依存和相互联系之中，反过来说，它们的相互联系，只存在于他们的相互分离之中，它们的相互依存，只存在于它们的相互对立之中。"同一是对立中的同一，对立是同一中的对立。形而上学者在这个问题上的错误，是把矛盾的同一和斗争完全割裂开来，绝对对立起来。在看到同一的时候看不到斗争，在看到斗争时看不到同一。或者走向极端，只讲同一，否认矛盾和斗争；或者只讲斗争，否认同一。从根本上歪曲了对立同一规律。

矛盾同一性与斗争性相互联结原理的重要意义。

第一，同一性和斗争性的相互联结原理，也就是要求人们在分析和解决矛盾时，善于从对立中把握同一，从同一中把握对立。辩证思维的基本要求是：能够从事物的同一性中把握其对立性，从事物的对立性中把握其同一性，把同一性和对立性统一起来，这是辩证思维的实质。

从同一中把握对立，从对立中把握同一，此观点之所以是辩证思维的实质，有以下三点原因：所谓辩证思维是用联系、发展、矛盾的观点看待事物，分析问题，解决问题。只有把对立和同一联结起来，（1）才能正确理解和抓住事物的矛盾，树立矛盾观点，掌握矛盾分析方法。（2）才能树立联系的观点，进而达到思维的全面性。因为联系的实质是事物之间和事物内部各要素之间的对立统一，思维的全面性要求人们在认识过程中不仅要看到事物现象，更要看到事物的矛盾本质；既要看到事物之间的对立，又要看到事物之间的同一；把对立和同一联结起来，完整把握。（3）才能树立发展的观点，进而达到思维的灵活性。因为发展的实质是对立面的统一，矛盾的转化。思维的灵活性要求把握事物的多样性和差别性，把握事物之间的过渡与转化。

第二，矛盾的同一性和斗争性相互联结原理，是防止和克服形而上学思维方式的理论武器。形而上学思维方式特征有很多，但其实质是在绝对对立或绝对同一中思维。一方面，它把事物的同一绝对化，否认事物的内在的矛盾；另一方面，它把事物的对立绝对化，否认事物之间的同一。由于割裂了对立和同一，看不到事物的内在的矛盾特征，其思维必然是非矛盾思维。用非矛盾思维方式分析问题，看待事物看不到事物的联系和发展，这种思维方式必然是一种片面、静止、僵化的思维。

第三，矛盾的同一性和斗争性相结合推动事物的发展。

不论是相对的同一性还是绝对的斗争性，对事物的存在和发展都起着不可忽视的作用。但是二者的作用都不能单独实现和发挥作用。马克思说："两个相互矛盾方面的共存、斗争以及融合成一个新的范畴，就是辩证运动的实质。"毛泽东也说："有条件的相对的同一性和无条件的绝对的斗争性相结合，构成了一切事物的矛盾运动。""矛盾着的对立面又同一，又斗争，由此推动事物的运动和变化。"这也就告诉我们，推动事物发展的动力，不是矛盾同一性或斗争性的单一方面，而是两者共同发挥作用，共同推动事物的发展。

在事物发展的量变阶段，矛盾的同一性为保持事物的相对稳定性创造了条件，也为矛盾双方的共同进步提供了前提。矛盾的斗争性为事物的发展进行了量的积累。

在事物发展的质变阶段，同一性规定了质变的趋势，并在事物从旧质向新质的转变过程中起着桥梁的作用。斗争性在事物质变过程中的作用更加显著，也更加重要，起着决定性的作用。事物矛盾双方的此消彼长是一个不断的过程，当达到了一定的限度，必然会带来旧的矛盾体的解体，新的矛盾体的产生，此时就发生了所谓的质变，由一事物变成了另一事物。

总而言之，矛盾双方的同一是有差别的同一，双方的斗争是在统一体中的斗争。两者相结合，共同推动事物的发展。

因此在实际生活中，对待矛盾应采取一分为二的态度，既要看到矛盾双方的同一，又要看到彼此的对立。坚决反对只见同一不见对立，或只见对立而不见同一的形而上学观点。过去，我们把计划和市场对立起来，认为计划只能和社会主义相结合，而市场只能和资本主义相结合，只看到了两者的对立，没看到两者的同一。在改革开放以后，才对计划和市场的关系有了一个全新的认识。计划经济不等于社会主义，资本主义也有计划。市场经济不等于资本主义，社会主义也可以有市场。计划和市场都是调节经济的手段，没有姓资姓社的区分。实践证明，否认社会主义市场经济的现实意义和作用是错误的。排斥政府的宏观调控和计划也是不正确的。

我们在现实生活中，很多人往往爱犯肯定一切或否定一切的错误。这都是没有用矛盾的观点分析问题的表现。毛泽东在延安整风时期曾批评许多党员干部"对于复杂事物，不愿作反复深入的分析研究，而爱作绝对肯定或绝对否定的简单结论。"他还评论五四时期的许多领导人物使用的方法是形式主义的方法，说："他们反对旧八股、旧教条，主张科学和民主，这是很对的。但是他们对于现状，对于历史，对于外国事物，没有历史唯物主义的批判精神，所谓坏就是绝对的坏，一切皆坏；所谓好就是绝对的好，一切皆好。"后来就走到反面，产生了洋八股和党八股。因此，只有树立一分为二看问题的态度，才能减少或避免一些错误的产生。

第四，矛盾同一性和斗争性相互联结原理对认识和谐社会有重大的意义。

社会和谐，指的是社会矛盾体系中的诸方面、诸要素之间处于一种相互协调、相互依存、相互贯通、彼此共生的稳定状态，它是矛盾同一性在人类社会中的具体运用。

社会和谐的根本原因是社会基本矛盾各方面之间的相互匹配、相互适应。社会基本矛盾运动的出发点和落脚点是最终走向并达到和谐社会状态，而社会冲突和矛盾斗争只是解决社会基本矛盾的手段和环节。社会和谐是一种很美好的社会状态，是人们对未来社会的一种向往，是马克思主义政党不懈追求的一种社会理想。但和谐社会绝不是完美无缺的社会，不是毫无矛盾的社会。没有差别的社会无所谓和谐。承认社会内部的差别、矛盾和冲突是社会和谐的前提，没有对立的同一是不存在的，没有矛盾的和谐也是不存在的，和谐社会状态的确立具有条件性和相对性。条件性是指社会各方面：包括经济、政治、文化、生态等等都发展到一定程度，才能实现一定程度的社会和谐。并且这一和谐也是相对的，没有绝对意义上的和谐社会，一定阶段的社会和谐也是相对于以前社会而言的。即便是社会发展在整体上处于和谐状态时也不能排除一些部分与环节的不和谐。社会和谐并不是认为社会没有矛盾的存在，而是存在社会矛盾的整体的稳定状态。即整体和谐，允许局部矛盾的存在。社会主义和谐社会是矛盾的同一性与斗争性辩证统一的社会。社会祥和、稳定、协调、宽容、理解固然是和谐社会的重要特征，但这些并不强调社会矛盾的消失。认识社会矛盾，协调和妥善处理各种矛盾，使各种思想意识和社会各种利益主体处于和而不同的社会，就是我们所要建设的具体的、现实的和谐社会。和谐社会作为社会进步的理想状态，在矛盾运动上的表现为社会矛盾的同一性。但是，同一性不是脱离斗争性而孤立存在的东西。由于我国还处于社会主义初级阶段，经济、政治、文化等各个方面发展得还不充分，社会问题还大量存在。比如，思想上的先进与落后、经济上落后省份与发达省份的差距、观念上的前卫与保守、贫富差距的两极分化、城乡二元经济结构的存在、资源和生态环境与经济社会发展之间的矛盾、东西部地区的差距、经济体制和其他方面的管理体制的不够完善等现状，都是我们现阶段所面临的重大问题，都会影响社会的和谐，而这些就构成了和谐社会矛盾的斗争性。和谐社会的矛盾的同一性和斗争性是相互联结的。人类社会正是在认识矛盾、解决矛盾再认识再解决的过程中得以发展。社会主义社会与其他剥削阶级的社会有本质的区别，社会主义社会的矛盾是建立在人们群众共同利益的基础之上，因而是非对抗性的，而资本主义社会的矛盾则是对抗性的矛盾。社会主义矛盾与资本主义矛盾的性质不同，就导致解决矛盾的具体方法也不同。但是和谐社会并不等于说无矛盾、无差别的绝对等同的社会，这样的社会在现实中也是不存在的。而和谐社会的战略构想正是基于对我国现阶段的具体国情和特点提出来的。在我们社会主义的初级阶段，社会的主要矛盾是"人民群众日益增长的物质文化需要同落后的社会生产之间的矛盾"，这就是非对抗性质的矛盾。这一矛盾决定了和谐社会主要矛盾的斗争形式是非暴风骤雨式的，因此社会和谐的道路探索是艰难的，道路曲折，必须进行渐进式改革。由于我们社会主义社会目前正处在大变革、大变动的时期，经济发展迅速，市场经济多元化，引起社会阶层利益的分化、生活方式的丰富化、思想观点的多样化、道德信仰多元化，这必然会导致各种利益主体之间的矛盾多样化，人与人之间、个人与集体之间、个人与国家之间、集体与国家之间都会出现利益分歧，但我们应认识到这些矛盾大多数是在根本利益一致基础上的人民内部矛盾，就应当用有别于阶级斗争的方式即处理人民内部矛盾的方式来处理，包括教育、引导、沟通、说服、批评与自我批评相结合的方式。通过这些方式的合理恰当的运用，解决各种纠纷，化解多类矛盾，促进社会和谐。除此之外，我们还应意识到阶段斗争虽然已不是我国现阶段的主要矛盾，但在一定时期、一定范围内还将长期存在。近年来，随着中国的迅速崛起、对外贸易的迅猛发展，国际敌对势力大量存在，企图分化、西化中国的资本主义国家不在少数，国内仇视社会主义制度、破坏国家统一、影响社会主义现代化建设的敌对分子依然存在，所有这些国内外的反对势力虽然不是主流，但我们也必须引起高度警惕，运用各种国家机器和法律武器，对反对势力进行必要的镇压甚至是打击。这也是我们现阶段进行人民民主专政的必须之所在。总之，打击敌对势力是手段，维护最广大人民的根本利益、实现民族的伟大复兴是目的。在构建社会主义和谐社会的过程中，必然会遇到各种挫折，在中国共产党的正确领导之下，全国同舟共济，风险共担，为社会主义现代化建设贡献自己的力量。在社会主义建设的过程中，会遇到各种矛盾，处理矛盾的根本方法就是矛盾分析法。

第四章　矛盾的普遍性和特殊性

第一节　矛盾的普遍性

矛盾是客观世界和人类思维的普遍现象。毛泽东说："矛盾的普遍性或绝对性这个问题有两方面的意义。其一是说，矛盾存在于一切事物的发展过程中；其二是说，每一事物的发展过程中存在着自始至终的矛盾运动。"恩格斯说："运动本身就是矛盾。"列宁对于对立统一法则所下的定义，说它就是"承认（发现）自然界（精神和社会两者也在内）的一切现象和过程都含有互相矛盾、互相排斥、互相对立的趋势"。

一、矛盾存在于一切事物的发展过程中

矛盾是事物本身所固有的，矛盾存在于一切事物的发展过程中。就是说矛盾无处不在，时时有矛盾，处处有矛盾，不包含矛

盾的事物是根本不存在的。矛盾就是事物、就是过程、就是思想、就是一切，没有矛盾就没有世界。人类社会实践和科学的发展都表明，无论是自然界，人类社会还是人们的思维领域，处处都充满着矛盾。

在自然界中，一切事物及其运动形式都存在着矛盾。数学中存在着正和负、微分和积分的矛盾；机械运动中有作用和反作用的矛盾；在物理中，有阴电和阳电、粒子和反粒子、粒子性和波动性、吸引和排斥等矛盾；在化学中，存在着化合和分解、阳离子和阴离子的矛盾；在生物中，存在着遗传和变异、同化和异化等矛盾；在天体运行中，存在着吸引和排斥的矛盾；在动物世界中到处存在弱肉强食的现象，即为了生存，强者和弱者的斗争。

在社会领域即人类社会，矛盾更是无处不在。生产力与生产关系的矛盾、经济基础与上层建筑的矛盾是人类社会的基本矛盾，这一矛盾贯穿人类历史发展的始终，没有这一基本矛盾运动，就没有人类历史的无限发展过程，即这一基本矛盾是人类社会发展的根本动力。当然这一基本矛盾在不同历史阶段又表现为不同阶级之间的矛盾，主要是统治阶级和被统治阶级之间的矛盾。马克思在《资本论》中，首先从分析商品使用价值和价值这一对矛盾入手，进而分析抽象劳动和具体劳动的矛盾运动，解释了资本家剥削工人的秘密。最后得出资本主义社会的基本矛盾是生产资料私有制和社会化大生产之间的矛盾。此外，在现实生活中，矛盾也随处可见：成功与失败、先进与落后、富裕与贫穷、效率与公平，等等。在很多情况下，我们会自觉不自觉地做着矛盾的事情。明明晓得吸烟有害健康，有人却还吸烟；明知真爱无价，却有人选择钱多的对象；明晓得道德规范，却有人做二奶、三奶；教育孩子要诚实，可生活中我们或多或少编着好心或非好心的谎话；明知顾客使用了自己的产品有一定风险，有商家却昧着良知销售毒害消费者的产品；明知有些东西多吃无益，可我们却管不了自己的嘴，吃得不亦乐乎；天天吹嘘要环保，用起一次性产品却连眉毛都不皱一下；明知用了某些产品也不会回到二八妙龄，女士们却毫不犹疑抛洒自己的 money！现实生活就是一个矛盾的集合体。

矛盾不仅广泛存在于自然界、人类社会，而且在人的思维领域，矛盾也普遍存在。毛泽东指出："人的概念的每一差异，都应把它看作是客观矛盾的反映。客观矛盾反映入主观的思想，组成了概念的矛盾运动，推动了思想的发展，不断地解决了人民的思想问题。"思维即认识、意识，而意识是对客观事物的主观映象。客观世界是矛盾的世界，反映到人的思维领域必然会产生思维的矛盾，即概念的矛盾。比如，和平与战争这一现实中的矛盾，人们一旦用思维加以把握，即在头脑中形成和平与战争的概念，此时就把客观事物的矛盾变成了思维中的矛盾。此外我们经常说：我可矛盾了，不知道去还是不去，吃饭还是不吃饭，是留在国内还是出国，等等，这些都是在思维领域所作的斗争。正是这一思想矛盾双方的博弈，让我们作出取舍，解决思想矛盾，从而让自己不断前进。此外，逻辑矛盾也是思维领域的矛盾。逻辑矛盾也是随处可见。比如一个年轻人对大发明家爱迪生说："我有一个巨大的理想，那就是我想创造一种万能溶液，它能够溶解一切物品。"爱迪生听罢，惊奇地问："什么！那你想用什么器皿来放置这种万能溶液？它不是能够溶解一切物品吗？"再如，著名的"理发师悖论"——某村子里有个理发师，他规定：在本村我只给而且一定要给那些自己不刮胡子的人刮胡子。请问：这个理发师给不给自己刮胡子？

剖析：理发师给不给自己刮胡子呢？只有两种状况：不给自己刮，或者给自己刮。假如理发师不给自己刮胡子，那么依照他的规则（我一定要给那些自己不刮胡子的人刮胡子），他就应该给自己刮胡子。这就是说，从理发师不给自己刮胡子动身，必然推出理发师应该给自己刮胡子的结论，这自身就构成逻辑矛盾。假如理发师给自己刮胡子，那么依照他的规则（我只给那些自己不刮胡子的人刮胡子），他就应该不给自己刮胡子。这就是说，从理发师给自己刮胡子动身，必然推出理发师应该不给自己刮胡子的结论，这自身也是一个逻辑矛盾。

二、每一事物的发展过程中都存在着自始至终的矛盾运动

矛盾不仅存在于一切事物之中，而且存在于一切事物发展过程的始终。也就是说，每一事物从产生到灭亡的整个过程，矛盾贯穿始终，矛盾时时存在，无时不有。

事物从一个阶段过渡到另一个阶段，从旧过程过渡到新过程，是否意味着矛盾的中断？答案是否定的。旧矛盾的解决意味着事物发生了质变进入了新的阶段，但在新质的基础上新的矛盾就会立即产生，不可能存在"空白点"。所以矛盾时时存在。

对于整个世界来说，矛盾从来就有，永恒存在，无始无终。可以说从我们这个星球诞生以来，矛盾就存在于自然界，人类诞生以来，矛盾存在于人类历史的各个阶段。正是矛盾的存在，推动

着整个世界的不断发展。

对于一个活的有机体来说，不论是植物，动物还是人体内都时时刻刻发生着同化和异化的矛盾运动，这一矛盾运动一旦停止，这一生物体的生命也将终止。人的一生也是充满矛盾的一生，随着年龄的不断增长，各个阶段的矛盾也会随之发生变化。在人的年轻阶段，有许多矛盾，比如，学习、恋爱、就业等。随着这些矛盾一一解决，人到了中年阶段，事业、家庭、孩子等这些矛盾又随之产生。而到了老年阶段，应该是颐养天年的时候，如何保持身体健康，心情愉快，成为了老年人更为关心的事情。

总之，矛盾是普遍的，矛盾无处不在、无时不有。没有矛盾，就没有自然界，就没有人类社会，也没有人的思维。简而言之，没有矛盾，就没有世界。

三、矛盾普遍性原理的方法论意义

学习矛盾普遍性的原理，对于我们科学地看问题、办事情，具有重要的指导意义：

首先，矛盾的普遍性原理，要求我们在任何时候，对任何事物都要敢于正视矛盾，大胆地揭露矛盾，科学地分析矛盾，并采取恰当的方法去解决矛盾，以推动事物的发展。要以矛盾的观点观察一切、分析一切。害怕矛盾、回避矛盾甚至掩盖矛盾，是形而上学世界观的表现。因此作为青少年的我们，在生活、学习中遇到困难、挫折，要以正确的态度对待，首先不能惧怕问题的出现，其次应冷静地接受问题并冷静地想出解决问题的办法。每次困难的出现，都是对自己心理承受能力、解决问题的能力的极大考验。

不经历风雨哪能看见美丽的彩虹，没有经历过地狱般的磨炼，哪能弹奏出人世间的绝响。青少年由于心理承受能力较弱，所以更应该让他们明白矛盾的不可避免性及矛盾的存在对自身的发展及社会进步的意义。学习应该是青少年时期的主要矛盾，因此，学习上遇到各种困难就成为习以为常的事情。上课没听懂、题没做出来、考试没考好，这些都是学习过程中不可避免的问题。没听懂不可怕，可怕的是没听懂而装懂，把不懂的问题置之不理，这就是典型的回避矛盾。正确的态度应是有不懂的问题及时向老师、同学请教，直到弄懂为止。克服难题的过程其实就是无形中进步的过程。从每次考试中吸取经验教训，并加以克服。长而久之，就会发现自己的巨大进步。

再举一个"蔡桓侯讳疾忌医"的故事来说明掩盖矛盾、回避矛盾的危害。

名医扁鹊，有一次去见蔡桓侯。他在旁边立了一会儿对桓侯说："你有病了，现在病还在皮肤里，若不赶快医治，病情将会加重！"桓侯听了笑着说："我没有病。"待扁鹊走了以后，桓侯对人说："这些医生就喜欢医治没有病的人来夸耀自己的本领。"十天以后，扁鹊又去见桓侯，说他的病已经发展到肌肉里，如果不治，还会加重。桓侯不理睬他。扁鹊走了以后，桓侯很不高兴。再过了十天，扁鹊又去见桓侯，说他的病已经转到肠胃里去了，再不从速医治，就会更加严重了。桓侯仍旧不理睬他。又过了十天，扁鹊去见桓侯时，对他望了一望，回身就走。桓侯觉得很奇怪，于是派使者去问扁鹊。扁鹊对使者说："病在皮肤里，肌肉里，肠胃里，不论针灸或是服药，都还可以医治；病若是到了骨髓里，那还有什么办法呢？现在桓侯的病已经深入骨髓，我也无法替他医治了。"五天以后，桓侯浑身疼痛，赶忙派人去请扁鹊，扁鹊已经逃到秦国了。桓侯不久就死掉了。

其次，还要善于全面分析矛盾，坚持两分法，防止片面性。任何事物都包含着既对立又统一的两个方面，即任何事物都有两点，而不是一点，那么我们要如实地反映事物的本来面目，就必须坚持一分为二的矛盾分析方法，对矛盾作全面的分析。既要看到事物的这一面，又要看到事物的那一面，即坚持两分法、两点论。

第二节　矛盾的特殊性

矛盾的特殊性是指不同的事物及其每一个侧面各有其特点，它规定一事物区别于他事物的特殊的本质。这是一切事物千差万别的内在原因或特殊根据。如果我们不知道所考察的矛盾有什么特殊性，与别的矛盾有何差别，就无法正确地认识和处理矛盾。矛盾的特殊性具体体现在以下几个方面：

一、各种物质运动形式的矛盾都有其特殊性

人认识物质，其实就是认识物质的运动形式。因为物质是运动的物质，运动是物质的存在形式。除了运动的物质，世界上什么也没有。物质世界的运动，有机械的、物理的、化学的、生物的和社会的等基本运动形式。之所以把它们区分开来，就是因为它们各自包含有各自的特殊性。

　　科学研究的区分，就是根据科学对象所具有的特殊的矛盾性。不同的科学所研究的具体内容都不同。数的运算、集合这是数学的研究范围；化合、分解这是化学的研究内容；唯物主义和唯心主义、辩证法和形而上学这些是哲学的研究内容。化学不可能研究唯物主义，哲学也不会研究化合和分解。所以，矛盾的特殊性构成了不同事物之间质的区别。这是我们能够区分、识别事物的前提，也是解决问题的关键。

　　人的皮肤由表皮、真皮、皮下组织组成，指纹，是真皮层向表皮上突起的部位，是相连排列而成的有规律的纹线。指纹十分稳定，是每个人特有的标志。每个人的指纹都不一样，即使花纹类型一样，纹线也有多有少，长短不一，全世界很难找出指纹完全相同的两个人来。在一胎双生的两个人中，也找不出一模一样的两个指纹。一百多年前，一个在印度岛当警察的英国人，首先利用指纹进行了侦查工作。至今，全世界的侦保机关都把鉴别指纹作为侦查案情的重要方法。侦保机关之所以将鉴别指纹作为侦查案情的重要方法，从哲学上来说，就在于人的指纹都有其特殊性，这种特殊性就将人与人区别开来。我们知道，任何事物都有矛盾，而各种矛盾又有各自的特殊性，如果不研究这种特殊性，就无从确定一事物与另一事物的区别，也就无从辨别事物。《红楼梦》之所以能够成为一部脍炙人口的长篇小说，原因是多方面的，但有一点谁也不能否认，就是作品塑造了一大批有血有肉、栩栩如生的人物形象，表现出了鲜明的个性。接下来对《红楼梦》人物形象进行简要的分析。同是精明泼辣的女主人，王熙凤的泼辣中暗藏着狠毒和两面三刀，而探春的泼辣中则体现着封建主子的威严。同是受迫害的女子，尤二姐无可奈何忍辱受凌，尤三姐则敢于大胆反抗。同是封建的叛逆者，贾宝玉表现为反对"仕途经济"和男尊女卑，林黛玉则表现为蔑视"世俗"的孤高自傲与多愁善感。正是这些人物形象具有鲜明的个性，从而给我们留下了深刻的印象。

二、每一事物在其发展的不同过程和同一过程的不同阶段各有特殊的矛盾

事物都是作为过程而存在的，而这一过程都包含着不同于其他过程的特殊矛盾。任何过程都包含着的根本矛盾，决定着过程的本质，规定着过程的其他矛盾。咱们中国在鸦片战争以前，国内的主要矛盾是地主阶级和农民阶级的矛盾。鸦片战争以后，主要矛盾则是帝国主义和中华民族的矛盾以及封建主义和人民大众的矛盾。并且在不同的时期，这两对矛盾的主次地位也发生着变化。在军阀混战时期，由于帝国主义在中国各派军阀中扶持代理人，从而把民族矛盾转移到国内矛盾，使国内矛盾（封建主义和人民大众的矛盾）成为最主要的矛盾，民族矛盾则下降到从属地位。到了抗日战争时期，民族危机加深，国共合作，全国一致抗日，此时民族矛盾又成为了最主要的矛盾，而封建主义和人民大众的矛盾则下降到了从属地位。

再举一个通俗的例子。小明成绩不稳定，在第一学期主要体现在数学不好，第二学期是物理化学不好。这就是说小明的成绩在不同的学期表现出不同的特殊性。

想必大家都听过歌曲《走进新时代》，其中有一段歌词是这样的："我们唱着东方红，当家作主站起来；我们讲着春天的故事，

改革开放富起来；继往开来的领路人，带领我们走进那新时代，高举旗帜开创未来。"这段歌词唱出了我们国家从新中国建立到改革开放再到未来不同时期的不同成就。

三、矛盾系统中各对矛盾的地位具有特殊性

在复杂事物的发展过程中，同时存在着许多矛盾，这些矛盾的发展是不平衡的。其中，居于支配地位，起着领导的、决定作用的矛盾就是主要矛盾，其他处于次要、服从地位的矛盾，则是非主要矛盾。主要矛盾和次要矛盾关系原理将在第五章进行详细说明，这里就不再进行赘述。

事物发展过程中，除了有主要矛盾和次要矛盾的区分，还有内部矛盾和外部矛盾的之别，下面对内部矛盾和外部矛盾进行具体阐述。事物发展的内部矛盾就是事物发展的内因，而事物发展的外部矛盾就是事物发展的外因。接下来对事物的内外因辩证关系原理进行阐述：

唯物辩证法认为事物的内部矛盾（即内因）是事物自身运动的源泉和动力，是事物发展的根本原因。外部矛盾（即外因）是事物发展、变化的第二位的原因。内因是变化的根据，外因是变化的条件，外因通过内因而起作用。

内因是事物的内部矛盾，外因是事物的外部矛盾，即一事物与他事物之间的相互影响和相互作用。内因和外因的辩证关系是：

第一，内因是事物发展变化的根据，它规定了事物发展的基本趋势和方向；

内因是事物的内部矛盾，是事物变化的根据。使一个人幸福的

主要是他的性格，而非外在的生活条件。所以应当培养好的性格：乐观、自信、放得开、不计较。同样的条件会有不同的发展，一个人能否健康成长与学校家庭社会密切相关，但更起作用的是他自己。堕落都是自我堕落。人不要为自己的行为找借口，因为归根结底还是自己的选择，自己决定自己。

"师傅领进门，修行在个人"《孟子》上有一个故事：有个叫秋的下棋名手，他棋艺在全国是独一无二的。有两个学生跟他学棋，其中的一个总是集中精力一心一意地学；另外的一个，虽然也坐在那里听讲，眼睛也看着棋子，可是心里老想着打鸟，甚至还隐隐约约地听到天空中鸿雁的叫声。结果前一个学生很快便学会了，后一个虽然学了很久，但也没有学会什么。同是一位名师指教，用同样的时间学习，为什么学习效果不一样呢？这个故事深刻地说明"内因"的重要性。再比如，同样是在一个班级学习，同样的老师授课，但成绩差别很大。影响成绩的外因是一定的，这是起决定作用的就是每个学生的自身因素。好成绩和差成绩的产生，主要就是不同的学生的努力程度或智力程度的差异所导致。总之，起根本作用的是内因。

第二，外因是事物发展变化的不可缺少的条件，有时外因甚至对事物的发展起着重大的影响。在一定条件下，外因对事物的发展甚至起决定性作用。

内因是事物发展的根据，是第一位的原因，外因是条件，是第二位的原因，但也不能忽视外因的巨大作用。"孟母三迁""近朱者赤近墨者黑"。这些例子都说明外因对一个人发展的重大作用。我们经常说，环境塑造人，生活在城里的居民和生活在偏远山区的人在见识、为人处世的态度和方法、个人发展前途、社会地位等方面存在很大的不同。导致这些差别产生的原因主要是他们生存环境的差别：包括自然条件的差异，尤其是社会条件的差别，城乡经济发展水平的差异等。

我们知道，生物学的大量材料证明，外部环境对生物的发展起着重要的作用。比如说，四五亿年前由于气候变化，陆地上开始遍布森林，池沼逐渐干涸。在这种条件下，某些种鳍鱼开始从水里爬上来，向陆地进军。长期的陆地生活使它们的生活习性发生变化，由原来以鳃呼吸为主以肺呼吸为辅，变成以肺呼吸为主的原始两栖类。两栖类在陆地上时间越来越长，其中一个分支的鳍发展为四肢，成为爬行动物。爬行动物中成长出哺乳动物。鲸的祖先本是在陆地上生活的哺乳动物，由于生活条件的变化，它们又回到海洋里去了，四肢退化为会游泳的鳍足，形成了鱼形的身体，但他们的内部构造完全保持着哺乳动物的特征。如：胎生，体温比较恒定，没有鳃，不能从水中摄取氧气，生殖孔和排泄孔分开等，因而仍然是哺乳动物而不是鱼。现今世界的万千物种，无不是在外部环境影响下长期发展的结果。这是生物发展的客观规律。所以，外因对事物发展的作用很大。

有时，外因对事物的发展甚至起着决定作用。例如行人正常行走被车撞了，责任应该归车。按照内外因作用原理，对于行人，这个人本身的存在和行走是内因，如果世界上不存在他或者他不在路上行走，而是在家呆着，就不会被车撞了；车辆是外因，没有车辆的行驶，这个人也不会被撞。此时就不能把责任归结于内因，而应当是外因，即车辆应承担主要责任。这就是为什么经常发生类似的事故，最后往往追究的责任是车辆的缘故。

现代科学的发展进一步证明了外因的决定作用。普利高津的耗散结构理论，解释了生命是一个不断与外部环境交换物质、能量和信息的开放系统。生命的产生和演进过程，是无序转化为有序的过程，这一转化取决于系统的熵逐渐的减少。而系统本身产生的熵却永远是增加的，因此，熵的减少必须借助于系统的外部的机制，即必须由外界输入"负熵"，一个系统只有当它满足系统熵即外界输入的熵流与系统本身的熵之和为小余零的时候，它才由无序转化为有序，才有生命的进化。由此可见，外界环境对于生物的生存和进化具有决定意义。

分子遗传学和分子病理学认为，大部分遗传疾病和癌症疾病就是由于人体内的遗传物质——基因或 DNA 分子在外界环境作用下发生突变造成的，据统计，人类 90% 以上的癌症就是由于环境因素（如紫外线、X 射线、化学物质等）决定的，有人称癌症病为文明时代的"环境病"。

现代生物学同样表明，在生物演进的过程中，外部自然环境起着重要的决定作用。这不仅表现在生物自身无法离开外部环境而独立生存，而且还表现在外部环境对生物的创造性作用。在地球早期，最初的生命都是依靠无氧呼吸来获得能量，因为早期大气层中不存在游离氧，它们也是适应环境而生存的产物，它们也就属于厌氧生物。后来，大气层中开始出现游离氧，并且不断积累，这就为生物的异化功能的发展创造了条件，于是最初的生命便从无氧生活过渡到有氧生活，即从厌氧生物中，分化出了喜氧生物。再后来，随着氧气的增多，特别是由于大气臭氧层的形成，臭氧吸收了短波紫外线辐射，这就为生物由水中登上陆地，不断扩大生存环境创造了决定性的外部条件。

第三，外因的作用无论多大，也必须通过内因才能起作用。一个特别优秀的老师，即使教的再好，如果学生根本不学习，老师也不定带出好的成绩，发挥不了好老师应有的作用。

在这里，外因通过内因起作用，并不意味着只有内因才能对一事物的发生和发展起决定性作用，只能说明外因不能离开内因起作用。

在论述"外因通过内因起作用"之前，有必要对"外因、内因"和"决定作用、非决定作用"这两对范畴作一个简单的介绍与说明。

内因和外因是就对象的范围而言，凡是对象本身范围之内所包含的矛盾，即引起某一事物或现象变化发展的内部原因；凡是一个对象和其他对象之间的矛盾，即引起这一事物或现象发生发展的外部原因。而决定作用和非决定作用这对范畴是指对某事物或情况发生发展所起作用的性质和大小而言的，凡是决定或改变事物发展、变化方向的矛盾，即是决定性的矛盾，也就是我们通常所说的主要矛盾或矛盾的主要方面；相反，不能决定或改变事物发展方向的矛盾，是非决定性作用的矛盾。而对事物发展起决定作用的矛盾可以是外部矛盾，也可以是内部矛盾。具体是外因还是内因对事物发展起决定性作用，则因事物不同，时间、场合的不同而变化。因此，内因并不等于决定作用，外因也不等于非决定作用。

内因是指事物的内部矛盾，内因是一事物变化发展的根源，决定事物运动、变化、发展的性质和方向。然而，任何事物都是一个复杂体，而且联系也是多样的，事物与事物之间有着各种各样的联系，也有着各种各样的矛盾，即使事物的内部也存在着各种各样的联系和矛盾。而就同样是事物的内部矛盾，各个矛盾对事物运动、变化和发展所起的作用也不同。每个内部矛盾（内因）都对事物某一方面的特性起着规定作用，即决定某一方面性质的变化与发展。任何一个事物的运动、变化和发展，都是具体的，所有内因并不是同时发挥作用，即使有两个内因同时发挥作用，他们所起的作用也是不同的。这就是矛盾的不平衡性决定的，对事物发展起决定作用，在各种矛盾中处于支配地位的矛盾才决定这一事物的运动、变化和发展，这个矛盾就是所谓的基本矛盾，也可以叫作主要矛盾，相反，非基本矛盾（非主要矛盾）则只决定着非本质特性的运动、变化和发展，对事物整体的发展并不起决定作用。总而言之，并非所有的内因同时都起着决定作用，只有内因中的主要矛盾才能决定、支配具体事物的发展、变化。接下来举一个例子来说明以上观点：我国地大物博、物产丰富，对我们国家的发展壮大起着重要的作用，但这些因素（是我们国家发展的内部原因）并不决定着我国社会形态的更替，无法构成影响我国社会形态的决定性因素。而只有生产关系或者说生产力才能构成社会形态更替的决定因素。而我国的丰富自然资源以及地理分布状态会影响着生产关系的性质与变化。

外因是指事物发展变化的外部原因，即事物发展变化的外部矛盾，即某一事物与其他事物之间的矛盾，本质上就是一种联系。因此，条件在这里就可以理解为联系。联系有内部联系、外部联系之分，条件也不例外。那把外因理解为条件，是不错，但不能否认内部原因也是条件。同理，内部矛盾是根据，根据也是条件，只不过是更重要的条件。但不等于说内部条件就是决定作用，外部条件就是非决定作用。就如上述分析内因一样，既然不能笼统地说所有内因都对事物发展、变化起着决定作用，也就不能笼统地说凡是外因（外部矛盾）在事物运动发展过程中都无法起着决定的作用。到底是内因还是外因对事物发展起着决定作用，就要看是内因还是外因能够成为事物发展变化的根据，能决定或改变事物发展的方向。也就是说，当外因决定着事物发展的方向，是事物变化发展的根据的时候，外因就对这一事物的变化发展起着决定作用。

接下来通过举例来说明以上陈述的观点：人类离不开空气就如鱼儿离不开水，水对鱼儿来说当然是鱼儿自身的外部条件，同样，空气对人来说，也是我们人类生存和发展的外部条件。但我们不能否定，鱼儿一刻也无法离开水而生存，人类也无法离开空气而活着。这里，外部条件（水、空气）就是一事物（鱼儿、人类）存在、发展的决定性条件。因此，对事物发展起决定作用还是非决定作用，我们应该具体问题具体分析，不能笼统的一概而论。

外因通过内因起作用的方式有以下几种：

第一，外因转化为内因，是事物发展变化的根据发生了改变，也就改变了事物发展的方向。

近代以来中国社会主导经济形式的改变就属于上述情况。在鸦片战争以前，即中国的社会性质还是完全的封建社会的时候，中国的主导经济形式是封建式的经济，即自给自足的小农经济（"男耕女织"，"日出而作日入而息"），在封建社会的后期，尤其是到了明清时期，中国出现了资本主义社会的萌芽，资本主义的生产方式在我国大量出现，尤其是南方地区。不管是完全封建式的经济还是资本主义萌芽式的经济，都是中国社会经济发展的内在矛盾决定的。而随着鸦片战争的爆发，中国社会的性质由完全的封建社会变成了半殖民地半封建社会，中国的经济主权遭到了前所未有的侵略。外国殖民主义经济开始慢慢渗透到中国的经济之中，摧毁了中国存在已久的资本主义萌芽，也摧毁了中国完全的封建式小农经济。中国的发展方向随之改变，开始了长达一个多世纪的半殖民地半封建社会。而在这一巨大的转变中，起决定作用的是外国殖民主义势力的侵略，而不是中国内部矛盾自身发展的结果，即外因成为了近代中国经济形式存在和发展变化的决定性力量。

第二，不同的外因对不同的内用起作用，使同一事物朝着不同的方向发展。任何事物都是一个复杂体，自身内部存在着这样或那样的矛盾，各个内部矛盾对事物的发展变化起着不同的作用。同样，某一具体事物也与周围的其他事物发生着各种各样的联系，形成各种各样的矛盾，既有决定事物发展方向的主要矛盾，也有不决定事物发展方向的非主要矛盾。一个事物既有很多外因，又有很多内因，就会出现不同的外因对不同的内因起着不同的作用；当然也会出现，不同的内因对同一种外因起着不同的作用。

不同的外因对不同的内因发生作用，使事物出现不同的发展方向。

一粒花生可以作为种子，种出更多的花生。这一粒花生中有成为种子，长出新的花生的内在根据。当然，同样这一粒花生，人们也可以把它变成我们桌上美食的材料。同样是这一粒花生，又包含了成为美食材料的内在根据。不过这是同一粒花生的两种不同的内在根据。花生作为种子的内在根据是花生内部的生物化学反应的结果；而花生能成为美食的材料，是其各种物理特性所决定的。而同一粒花生的发展方向又是具体的，不可能既成为种子，又成为美食材料。而这两种发展可能性，到底哪一种能成为现实呢？此时就不是由种子的内部根据来决定，而是由其外部原因来决定。花生作为种子能否茁壮成长，取决于是否有适合的光照、水分、土壤条件等等。只有在这样的条件具备下，一粒花生才能成为真正的种子。而花生要成为美食材料，则需要对其进行各种加工。即使这两种不同的外因都有发挥作用的可能性，最终哪种外因能成为现实，还取决于这粒花生的拥有者的主观愿望，这也是外因。这一外因将最终起着决定的作用，但这一外因离不开这粒花生可以成为种子或美食材料的内在根据。

不同的外因对同一种内因也会产生不同的结果。

同样是水（H2O）这种物质，会随着外界温度的变化而呈现出不同的存在状态，在0℃以下，它是固体形态，就是我们所说的冰；而大于0℃小于100℃时，它呈现的是液态，就是我们常见的状态——水；而当温度进一步提高，H2O这种物质会呈现成气态，就是我们所说的水蒸气。这表明，同一种内在根据，在不同的外部条件下，会朝着不同的方向演化。

以上论述都是为了反对很多人对教科书的错误理解：认为只有内因才有决定作用，外因不可能具有决定作用，即内因论的观点。以上论述并没有否定内因的重大作用。绝大多数事物都是在内因和外因共同作用下变化和发展。只是在不同的场合，不同的条件下，外因和内因所起作用的性质、大小不同，我们应具体问题具体分析，不能否认外因的决定作用。但是在内因和外因何者更为重要的问题上，我们并不否认内因是事物变化发展的根本动力和源泉，任何事物的运动变化和发展，首先是由事物内部矛盾决定的，规定着事物发展的基本方向。外因必须通过内因起作用。

总而言之，我们肯定内因是事物变化、发展的第一位原因，外因是事物变化、发展的第二位的原因。在否定均衡论的基础上，必须认识到内因、外因的地位并不是绝对的、凝固不变的。

四、每对矛盾双方的地位具有特殊性

像不同事物的各种矛盾发展的不平衡一样，每一矛盾各个方面的发展也是不平衡的。一方是主要的，居于支配地位，一方是非主要的，居于被支配地位。事物的性质，主要地是由取得支配地位的矛盾的主要方面决定的。这里只作简要说明，具体说明将在下一章呈现。

五、矛盾斗争形式的特殊性

任何事物都包含着矛盾，但矛盾的斗争形式又各不相同。这也是矛盾特殊性的体现。毛泽东指出："矛盾和斗争是普遍的、绝对的，但是解决矛盾的方法，即斗争的形式，则因矛盾的性质不同而不同。"

社会生活中矛盾复杂多样，矛盾的性质、状况不同，因而矛盾的类型也不同。按性质不同，可以把矛盾分为对抗性矛盾和非对抗性矛盾两种类型。研究这两类矛盾的斗争形式，对于社会实践具有重要意义。

对抗性矛盾是指矛盾双方在根本性质和根本利益上互相敌对、不可调和的矛盾，其斗争形式一般表现为剧烈的外部冲突。在阶级社会中，剥削阶级和被剥削阶级的根本利益对立，其矛盾的性质是对抗的。一般要通过双方的激烈斗争和剧烈的外部冲突的形式加以解决。

非对抗性矛盾是矛盾双方在根本利益一致基础上的矛盾，一般不表现为剧烈的外部冲突，即不表现为对抗的形式。比如，在我们当今社会主义国家，生产资料公有制为基础，在劳动人民内部，工人内部，农民内部，知识分子内部以及工人与农民之间、工人与知识分子之间、农民与知识分子之间的矛盾、当权者和普通百姓之间的矛盾，等等，都是根本利益一致基础上的非对抗性矛盾。

由于矛盾的性质不同，解决矛盾的具体形式也不同。两类矛盾无非有两种基本解决形式，对立双方采取外部剧烈冲突、爆发式，或非外部剧烈冲突、非爆发式。但这并不意味着哪一种矛盾解决形式专属于哪一类矛盾。

一般来说，对抗性矛盾要通过对抗的斗争形式来解决。比如，阶级社会的阶级矛盾，只有通过暴力形式才能得到根本的解决。一定时期的改革，只能缓和阶级矛盾，但不能彻底解决矛盾。这只是通常情况。常常如此并不代表只能如此。在一定条件下，对抗性矛盾也能采取非外部冲突、非爆发式。比如，我国当前马克思主义与宗教的矛盾。我们倡导树立马克思主义的信仰，因为一百多年的历史已经证明马克思主义是科学的学说马克思主义是性物的无神论，而宗教则相信神、佛的存在。就如我们的宗教政策，不倡导信仰宗教，但也不禁止信仰。因为宗教有其自身发展的历史与规律，也有其自身消亡的规律与条件。所以，"我们不能用行政命令去消灭宗教，不能强制人民不信教。不能强制人们放弃唯心主义，也不能强制人们相信马克思主义"。"企图用行政命令的方法，用强制的方法解决思想问题，是非问题，不但没有效力，而且是有害的"。所以，只能采取民主、讨论、教育、批评的方法。这就说明在一定条件下，对抗性矛盾解决可以采取非外部冲突、非爆发方式。

非对抗性矛盾解决，往往采取非外部冲突、非爆发方式。这是解决此类矛盾最主要或基本的形式。就像我国人民内部矛盾，学术科研领域的矛盾，思想上的先进与落后等等都是采取非外部冲突的形式，只能采用民主、讨论、教育的方式来解决。但是，非对抗性矛盾在特殊情况下也会采取流血冲突的形式。这种情况在苏联和我国都发生过。在列宁领导的十月革命胜利后，实行了"战时共产主义政策"，但由于希望通过这一政策过渡到共产主义，不符合当时苏联的生产力水平，采用这一政策时间过长，导致了地方农民发生了暴动。本来是人民内部的矛盾，由于政策的失误，最后采取了暴力的形式来对抗。在我国，由于毛泽东错误地估计了当时的国内外形势，错误地提出了"无产阶级专政下继续革命的理论"，错误地发动了十年文化大革命运动。文革期间，发生了许多冲突流血事件。

两类矛盾的转化

建立在马列主义原则和尊重客观规律基础上的政党和人民的整个活动，可以通过有计划、自觉的调整，达到带有目的性、建设性的社会控制，使两类矛盾的转化符合广大人民的需要。两类矛盾的转化过程，实质上就是两类矛盾的解决过程。我国进行的经济体制改革，就是在社会主义内部消除发展生产力的障碍，对社会矛盾进行自我调解、自我完善，自我解决的有效的手段和方法，特别明显地表现出社会主义社会矛盾转化的特点。

两类矛盾的转化，一般有以下几种情况：

首先，两类矛盾互相转化。即在一定条件下，对抗性矛盾向非对抗性矛盾的转化，或非对抗性矛盾向对抗性矛盾的转化。从纵向看，在两类矛盾的交替中，事物运动、变化、发展着。这是两类矛盾转化的一般形式或基本形式。在人类历史长河中，由原始社会矛盾的非社会对抗向阶级社会矛盾的社会对抗的转化，再向社会主义社会矛盾的非社会对抗的转化，使人类社会由低级向高级发展了。从横向看，在党内和人民内部所进行的反对腐化变质的现实斗争中，一些利欲熏心、奢求享乐和免疫力差、意志薄弱的人，可能会由革命者或劳动者蜕变为犯罪分子或其他坏分子，而一些犯有错误或严重错误的人，可能会幡然悔悟，成为有益于人民的人。正是这些转化，使社会这个活的肌体，增强了免疫力并得到了净化。

其次，在事物发展的某个阶段、某个方面、某个环节上，由于对抗性矛盾的双方，在斗争中互相对抗、互相克服、互相消耗、最后同归于尽。旧的对抗性矛盾转化为新的对抗性矛盾。在新旧对抗性矛盾的交替中，事物运动、变化、发展着。这种矛盾的转化形式在各个领域都存在着。例如，在自然现象中，电子和正电子相碰撞变成一对光子；质子和反质子相碰撞变成光子和正、负、中性介子。在社会生活中，在阶级社会的发展阶段，奴隶主阶级和奴隶阶级同归于尽后，为地主阶级和农民阶级的社会对抗所代替。而后，无产阶级和资产阶级的尖锐社会对抗又代替了地主阶级和农民阶级的对抗。这种转化形式在历史上和现实中都是存在的。在思维领域中，两种相反的错误观点斗争的结果，常常被正确观点所代替。

其三，由于有些非对抗性的矛盾经过一系列的发展阶段，矛盾双方互相促进、差别逐渐缩小，最后达到对立面的"融合"，融合成一个新的事物矛盾，即由旧的非对抗性矛盾转化成新的非对抗性矛盾。在新旧非对抗性矛盾的交替中，事物运功、变化、发展着。这种转化形态更多地、突出地在社会主义社会表现出来。由非社会对抗的社会主义社会的基本矛盾派生出来的，城市和乡村、脑力劳动和体力劳动、工人和农民之间的矛盾，随着生产力的不断发展，经济基础和上层建筑方面的不断改革，向共产主义过渡的条件逐渐成熟，上述矛盾着的对立面之间的差别就会逐渐缩小，最后达到融合，形成完全新型的居民点和完全新型的劳动以及完全新型的劳动者，形成具有新的形式和内容的非对抗性的矛盾。还有，社会主义社会本身的不断完善过程，党群矛盾、干群矛盾、中央和地方的矛盾，一次又一次地出现、解决、再出现、再解决的过程，建设有中国特色的社会主义的实践—认识—再实践—再认识过程，等等，都表明了这样一个问题。当然，在自然领域，也存在着矛盾双方融合为另一种新事物的情况。例如，热力学的一个基本现象是趋向平衡态，两个温度不等的物体接触时，热量总是从高温物体流向低温物体，直到平衡态为止，两个物体原有的分子运动的功能都没有丧失，而是包含在中等温度的物体的分子运动的动能里面了。

其四，同一对矛盾由于客观条件的作用，在不同的发展阶段或时期，其性质不同。生产和消费的矛盾，在人类社会发展过程中是普遍存在的，在资本主义社会，即使在最发达的资本主义国家里，尽管大多数居民生活水平提高了，但生产的增长却使统治阶级大发横财。而且是靠剥削这些国家的人民，掠夺经济欠发达的附属国人民，造成他们的消费水平低来实现的。社会主义社会消灭了生产和消费之间的根本对抗。虽然社会生产还没有达到可以满足一切人的一切合理需要的水平。但是，生产和消费的矛盾改变了自己的形式，表现为一种非对抗性的矛盾。大陆和香港、台湾就制度讲，两种制度水火不容，是对抗性矛盾。但就国家和地区讲，又是非对抗性矛盾。我们是一个人民民主专政日益巩固的社会主义国家，香港和台湾是祖国领土的一部分。我们有权利也有义不容辞的责任去实现统一大业。另外，这也是香港、台湾人民的心愿。资本作为资本家剥削手段时，体现了资本家和雇佣工人之间的剥削和被剥削的关系。然而在目前情况下，我们引进外资，用来搞社会主义建设，有利于社会主义的繁荣、富强，有利于建设有中国特色的社会主义，有利于中国人民的生活幸福。所以并不表现为或不主要表现为剥削和被剥削的关系，属于非对抗性的矛盾。因而我们积极地、适当地引进外资的政策是正确的，是明智之举。

两类矛盾的命运

随着作为社会实践主体——人的因素的重要作用的不断增大，人类的"第二次提升"逐步实现，社会生活中的两类矛盾，不断地调整、改变着自己的存在形式、存在范围、存在地位。使两类矛盾有着两种完全不同的命运。"对抗将消失，矛盾仍存在"。对抗性矛盾作为社会对抗，是人类社会发展到一定历史阶段的产物。即自从人类社会进入到阶级社会，才形成两大阶级的这一对抗性矛盾，并作为一种社会对抗而存在着。阶级矛盾、阶级对抗、阶级斗争，成为社会的主要矛盾，占主导、支配地位。进入到社会主义社会，作为社会对抗而存在的对抗性矛盾将消失，并被整个社会的非对抗所代替。因此，作为社会对抗性矛盾是一个历史范畴，而非对抗性矛盾却同人类社会共生灭。人类社会由非社会对抗的原始社会，经过阶级社会两大阶级的社会对抗，再到社会主义、共产主义整个社会的非对抗，完成辩证否定基础上的历史的复归。这个过程既是作为社会对抗的对抗性矛盾的生灭、退亡历史，又是非对抗性矛盾同人类社会一起发展、留存的历史。阶级社会取代原始社会，整个社会的对抗取代整个社会的非对抗，是个自发过程。而消灭阶级，消灭阶级对抗，是社会实践着的人们自觉进行阶级斗争的过程。在社会主义社会，虽然作为社会对抗的对抗性矛盾消失了，剥削阶级作为一个阶级同无产阶级相对抗的阶级斗争不存在了。但是，作为个体对抗而存在的对抗性矛盾还存在。阶级斗争被限制在一定范围内，并在相当长的时期内存在，在整个社会矛盾中处于次要地位。随着社会主义社会内部的不断完善，化不利因素为有利因素，化消极因素为积极因素，生产力水平不断发展，人们的共产主义思想觉悟的不断提高，作为个体对抗的对抗性矛盾的存在范围，将会逐渐缩小，阶级斗争趋于缓和，直到最后消失，共产主义随之而到来。与此同时，作为非对抗的社会矛盾，也在不断改变着自己的形式，矛盾双方的差别逐渐缩小，最终为完全新型的非对抗性矛盾所取代。

第三节　具体地分析具体情况

在矛盾普遍性原理的指导下，具体地分析矛盾的特殊性，这是马克思主义的一个重要原则。列宁指出，具体分析具体情况是马克思主义最本质的东西，是马克思主义活的灵魂。

坚持具体地分析具体情况，就是坚持辩证唯物论的认识论。就是说，必须深入实际，调查研究。在研究中，要反对主观性、片面性和表面性。所谓主观性，就是不知道客观地看问题，也就是不知道用唯物的观点看问题。所谓片面性，就是不知道全面地看问题，只了解一方，而不了解另一方；只知局部，不知全体。所谓表面性，就是不知道深入事物内部去深入地研究矛盾的特点，不知透过现象看本质。主观性、片面性、表面性是一种主观主义的方法，它与马克思主义哲学是根本对立的。这就表明，违背具体地分析具体情况的原则，也就从根本上违背了马克思主义哲学。马克思主义哲学不是教条，而是行动的指南。具体地分析具体情况，就是要把马克思主义的理论与各国的具体国情、具体的革命实践结合统一起来，在实践中坚持和发展马克思主义，使之不断获得新的生命。

一、具体地分析具体情况是我们认识事物的基础

毛泽东关于具体分析具体情况的大量系统而周密的阐述告诉我们，所谓具体分析具体情况，就是依据对立统一规律，具体地分析矛盾的特殊性，分析矛盾特殊性与普遍性的相互联结。在这种矛盾分析过程中，要力求全面性，力求深入认识事物的本质。而与此相反的是片面性与表面性，也就是要克服客观性，就必须坚持一切从实际出发，注重调查研究，"时时了解社会情况，时时进行实际调查"。但客观世界是千变万化，错综复杂的，在调查研究

过程中，只有善于抓住主要矛盾和矛盾的主要方面，才不会顾此失彼，迷失方向。这样，在反复调查研究的基础上，通过对矛盾各个方面，特别是矛盾的主要方面的具体分析，进而综合起来，从总体上把握矛盾的特殊本质，找出解决不同质的矛盾的不同方法，实现对客观世界的正确认识与能动改造。毛泽东关于具体分析具体情况的理论，是有机统一的整体，现分层进行说明。

具体分析具体情况，就要依据对立统一规律，具体地分析矛盾的特殊性。毛泽东在《矛盾论》中，将人们所要认识、分析的一切具体情况，都归结于分析矛盾的特殊性，即分析矛盾着的事物及其每一侧面各自的特点。离开特殊性，对事物就无法做出具体的区分，也就无法真正认识这一事物。在科学研究中，正是对矛盾特殊性的积极把握，我们才能确立科学研究的对象。在政策制定过程中，准确把握具体情况，才能增强政策的有效性和准确性。对矛盾特殊性的理解，应从以下几方面进行具体的把握。第一，分析各种物质运动形式的矛盾的特殊性；第二，分析各种运动形式在各个发展过程中矛盾的特殊性；第三，分析各个发展过程中矛盾各方面的特殊性；第四，分析各个发展过程在其各个发展阶段上的矛盾的特殊性；第五，分析各个发展阶段上矛盾各方面的特殊性。毛泽东这样将分析具体情况归结为分析矛盾的特殊性，并对矛盾特殊性原理进行全面系统的阐述，这在马克思主义发展史上还是第一次。

具体分析具体情况，就要具体分析矛盾特殊性与普遍性的相互联结。毛泽东在论述矛盾普遍性与特殊性的基础上，提出了马克思主义者必须遵循的人类认识规律：从特殊到一般再到特殊的过程，也是实践—认识—再实践—再认识的不断循环往复的认识发展过程。在实践中往往自觉不自觉地就遵循了这一认识规律。比如马克思主义的发展过程就是遵循了这一认识规律。马克思、恩格斯具体分析了他所处的历史环境、工人阶级的生存状况，总结出无产阶级斗争的一般规律和共产主义的实现途径，从而诞生了马克思主义理论。这一过程就是从具体的特殊矛盾的分析开始，概括普遍的矛盾规律，上升为理论的过程。理论的形成并非认识的结束，马克思进一步用无产阶级的思想武器来具体指导无产阶级的革命斗争，把理论与实践相结合，在具体的革命实践中丰富、发展马克思主义理论。马克思主义的诞生是这样一个过程，毛泽东思想的产生同样也遵循了这一认识规律。只不过具体的情况是中国的实际。毛泽东在他的著作中，形象地提出了一个具体分析具体情况的重要方法——"解剖麻雀"的方法。他说，"麻雀虽然很多，不需要分析每个麻雀，解剖一两个就够了"，号召各级干部"亲自调查一两个农村，解剖一两个'麻雀'"。

具体分析具体情况，就要力求全面性，深入认识事物的本质，避免片面性和表面性。矛盾就是对立统一，不同的矛盾具有不同的特点，矛盾双方各有其特点，因此要求我们必须具体问题具体分析，力求做到全面的分析具体事物。马克思说，"具体之所以具体，因为它是许多规定的综合，因而是多样性的统一。"意思是具体不仅体现着事物质的差别，从另一个侧面说明了事物内容的丰富性。我们想要真正的认识一事物，就必须把握它的一切方面，不能只看一面，忽视另一面。就像列宁所说的："要真正地认识事物，就必须把握、研究它的一切方面，一切联系和'中介'。"毛泽东也作过类似的论述，他认为，要正确认识事物，就必须了解矛盾各方的特点，不能只见局部不见全体，只见树木不见森林。

要分析事物在一定的具体历史条件下包含哪些矛盾，这些矛盾又包含哪些方面，这些矛盾方面的地位如何，各种矛盾、各个方面又有着怎么的相互联系，他们之间又怎样向着自己的对立面发生转化。只有这样，才能避免片面性，全面地分析具体事物。"表面性，是对矛盾总体和矛盾各方面的特点都不去看，否认深入事物里面精细地研究矛盾特点的必要。"即对事物的认识仅仅停留在感性认识阶段，没有透过现象看本质。克服片面性和表面性的办法，就是"将丰富的感觉材料加以去粗取精、去伪存真、由此及彼、由表及里地改造制作工夫"。这就是我们在具体分析具体情况过程中必须始终把握的重要方法。

具体分析具体情况，就要坚持一切从实际出发，注重调查研究。"片面性、表面性也是主观性，因为一切客观事物本来是互相联系的和具有内部规律的。"克服主观性，就必须坚持从实际出发，通过反复的调查，占有大量材料。这也是进行具体分析的前提条件。毛泽东非常重视调查研究的重要性，他认为"没有调查就没有发言权"，并且总结出调查研究的一般方法：通过反复地调查、初步地分析发现问题、提出问题，进而经过系统、周密的调查、分析过程，暴露事物的内部联系。所以，没有经过调查就无法真正做到具体分析具体情况。

具体分析具体情况，还要善于抓住主要矛盾和矛盾的主要方面。现实世界是复杂多变的，不同的事物具有不同的矛盾，即使是同一事物，也有不同的矛盾，我们常常由于受时间、能力的限制，在一定时期内很难或者不可能解决所有的矛盾，此时，我们应该抓住主要矛盾，先集中力量解决与自身关系最为密切的问题。不可眉毛胡子一把抓，到头来一事无成。即使是同一矛盾，也有主次方面的区分，主要方面决定事物运动的大体方向，决定事物的性质。因此，在辨别事物及对事物定性的过程中，必须抓主流，比如，对历史人物的评价，就应坚持看矛盾的哪一方占主导，若总体对其持肯定态度，那这个人就值得肯定。总之，学会掌握"两点"中的"重点"，对我们认识事物，解决实际问题意义重大。

总之，具体分析具体情况，是理论与实践相结合的必由途径。它不仅是认识事物的基础，同时也是实践的基础。认识世界是为了改造世界，认识是实践的前提，实践是认识的目的。在认识世界的过程中必须坚持具体问题具体分析，才能正确地认识世界发展过程中的规律。同样，在改造世界的过程中，更需要具体问题具体分析，提高实践的准确性。

"具体分析具体情况"，是马克思主义最本质的东西，是马克思主义活的灵魂。它包含了辩证唯物论的认识论和方法论的极其丰富的内容，体现了认识论、方法论、逻辑学三者的统一。

二、具体地分析具体情况是正确解决矛盾的关键

认识矛盾的目的在于解决矛盾，毛泽东的理论不是抽象的马克思主义，不是抽象的辩证法，而是具体的、实践的辩证法。

接下来通过对毛泽东在探索中国革命道路问题上所做出的特殊贡献为例，来说明具体地分析具体情况的实践意义。

第一次大革命遭到国民党右派的背叛而惨遭失败后，国内笼罩在极端残酷的白色恐怖之中，革命力量被极大的削弱。在这样困难的情况下，中国共产党人坚持不屈不挠的斗争。党召开了"八七会议"，在会议上确定了土地革命和武装反抗国民党反动派的总

方针。与此同时寻求中国特色革命道路的问题尖锐地摆在了党的面前。列宁在领导俄国人民进行革命时，通过分析帝国主义时代资本主义经济政治发展不平衡的规律和俄国社会的具体情况，得出了社会主义可以首先在少数甚至一个资本主义国家首先胜利的新结论，并成功地运用于实践。在城市发动武装起义，随后将革命之火烧向农村，最终开辟了无产阶级夺取政权的胜利道路。中国革命能否走与俄国相同的道路？中国革命的道路在哪里？如何走？对于这些问题，党内有各种不同的意见。陈独秀机会主义者面对以蒋介石为首的反动政权建立的既成事实，宣称中国资产阶级民主革命已经结束，无产阶级只有等待将来去进行所谓"社会主义革命"，现在只能在蒋介石反动政权的统治下进行合法运动、议会斗争，梦想走所谓"议会道路"。在"八七会议"反对右倾错误时，没有注意"左"倾情绪的滋长，从而导致此后形成的第一次"左"倾路线又混淆了民主革命和社会主义革命的界线，否认大革命失败后中国革命处于低潮，强调城市工人暴动是革命胜利的关键。显而易见，按照"左"、右倾机会主义者制定的"革命道路"去走，只能把革命引入歧途，最终导致革命的失败。为寻找适合中国革命的正确道路，中国共产党人用鲜血和生命进行了艰苦的探索。周恩来、贺龙、叶挺、朱德、刘伯承等同志领导的八一南昌起义打响了武装反对国民党反动派的第一枪，在中国革命史上拥有重大意义。但南昌起义的部队没有同当时的农民运动相结合，最终在反动派的围剿下失败，只有少数人突出重围继续革命。而在广州海陆丰由张太雷、苏兆征、叶挺、叶剑英等同志领导的广州起义，向国民党反革命势力进行了又一次的英勇冲击。面对强大的敌人革命党人不畏牺牲，但最终以失败告终。从1927

年秋到 1928 年底，全国各地先后发动的武装起义有百余次，它们都在不同程度上打击了反动势力，但由于没有正确的方针领导，没有正确的革命道路，都未取得成功。

毛泽东 1927 年 9 月在湖南、江西交界处发动了秋收起义，组织了工农革命军。一开始按照苏联的经验向大城市进攻。但是反动势力在城市中比较强大，起义军受到重大挫折。毛泽东分析了当时敌我力量的情况，在敌大我小，敌强我弱的形势下当机立断，决定放弃攻打中心城市的错误方针，转而向敌人实力薄弱的农村进军。十月下旬革命部队进入井冈山，建立了井冈山革命根据地。革命力量在这里不仅生存下来而且不断壮大。井冈山的红旗不倒，代表了中国革命的方向和希望，使中国共产党人在革命低潮中受到了极大的鼓舞，增加了革命的信心。随后，南昌起义的余部进入井冈山，史称井冈山会师。在这种情况下，鄂豫皖、湘鄂西等地革命力量也采取了转向敌人力量薄弱的农村，革命力量不断壮大开创了中国革命的新局面。

南昌起义、广州起义的队伍都比秋收起义力量大，但为什么它们相继失败，只有毛泽东领导的革命力量生存下来了呢？这是因为采取的革命路线不同的原因。在革命的生死存亡关头，毛泽东在理论上和实践中正确解决了中国革命的道路问题。提出了实行"工农武装割据"，以农村包围城市，最后夺取全国胜利的正确道路。

中国革命道路的开拓，是从我国当时的具体实际情况出发的。毛泽东正确分析了当时农村红色革命政权能够存在的历史条件以及原因。对这一道路的探索正是遵循了从特殊到一般，再从一般到特殊的认识规律。首先，毛泽东从我国具体的经济、政治、文化各方面的具体情况进行分析，分析了中国与苏联的不同的现实条件，总结出中国社会的基本性质和中国革命的一般规律，又以这个一般规律为指导，具体地分析不同革命根据地的具体特殊情况，具体考察当地的社会环境，进而分析这些具体现实条件之间的有机联系。

毛泽东指出大革命失败后中国的社会性质并没有发生根本性质的改变——"现在国民党新军阀的统治，依然是城市买办阶级和农村豪绅阶级的统治，全国工农平民以至资产阶级，依然在反革命统治底下，没有丝毫政治上、经济上的解放。"由于引起革命的矛盾一个也没解决，反帝反军阀地主的斗争一触即发，而受过第一次国内革命战争洗礼的地方，更适合建立红色政权。因此红色政权能够长期存在并且不断发展壮大。这样，毛泽东通过具体分析，从政治上驳斥了"红旗能打多久"的悲观论调，说明了红色政权存在的可能性。

此外，毛泽东又深入到经济方面展开具体分析。他依据中国社会的半封建性质，分析城市和农村矛盾的特殊性，分析中国经济的具体特点，指明了中国的经济不是统一的资本主义经济，而是"微弱的资本主义经济和严重的半封建经济同时存在，近代若干工商业都市和停滞着的广大农村同时存在"。这种经济上的不平衡，形成农村可以自给自足。因此，脱离城市建立独立的农村根据地是可能的。这种经济上的不平衡，又形成了政治上的军阀割据，这也是红色政权存在并发展的有利条件。

毛泽东还对各帝国主义国家间的矛盾以及反革命营垒内的矛盾进行了具体分析。指出由于中国社会的半殖民地性质，帝国主义在中国划分了势力范围，各帝国主义国家为争夺在华利益加剧了他们之间的矛盾。帝国主义分裂中国的状况存在，就必然造成受他们操纵和扶持的反革命营垒内部各派军阀和反动集团的不统一，充满着矛盾和斗争，这就为红色政权的存在留下了可乘的间隙。"我们只需知道中国白色政权的分裂和战争是继续不断的，而红色政权的发生、存在并日益发展，便是无疑的了"，许多农村小块革命根据地就能够在反革命政权的包围下发生、坚持和波浪式地向前发展。

对于支持红色政权存在的主观条件，毛泽东也实事求是地作了具体分析。指出支持红色政权的正式红军必须解决无产阶级思想领导的问题，领导红色政权的中国共产党组织必须制定政治、经济各方面的正确政策，学会治国安民的本领。

毛泽东从各个方面具体而深入地分析了红色政权能够存在和发展的条件，进而提出了建立红色政权农村革命根据地的必要性和伟大意义：只有把落后的农村打造成先进的、巩固的革命根据地，才能聚集革命力量，鼓舞胜利信心，推动全国革命高潮；才能逐渐动摇反动统治基础，从农村包围城市，最后夺取城市，取得全国胜利。基于这一整套的、系统的具体分析，毛泽东又提出了以"工农武装割据"为中心的革命战略思想，在政治上、军事上创造了一整套路线、方针和政策。毛泽东关于中国红色政权能够存在和发展的理论，正确地回答和解决了关系着中国革命成败、中国革命前途和命运的最基本的问题。在毛泽东理论的指导下中国革命走上了正确的道路。

开创中国革命的正确道路，这是毛泽东的伟大创举。这是将马列主义的普遍真理同中国革命具体实践相结合的光辉典范，是毛泽东在中国革命史上所建立的不朽功绩之一。如果没有毛泽东的卓越贡献，我们党将会在黑暗中摸索更长的时间。

总之，毛泽东所创造的关于具体分析具体情况的一整套科学理论和方法，是对马克思主义的重大发展。在他为中国革命毕生奋斗的实践中，基本上将这些理论和方法贯彻始终，坚持马列主义的普遍真理与中国革命的具体实践相结合，在与党和人民的集体奋斗中，创立了毛泽东思想的科学体系。毛泽东对中国人民的革命事业、对中华民族的贡献是极其巨大的。当前，我们正在这样一个人口众多的大国为建设社会主义和谐社会而努力。我们必然会面临许多未被认识的新情况、新问题，需要不断摸索，也可能犯这样或那样的错误。但只要坚定不移地坚持毛泽东为我们党创立的思想路线，坚持在实践中运用和发展毛泽东关于具体分析具体情况的一整套科学理论和方法，坚持马列主义、毛泽东思想、邓小平理论、三个代表及科学发展观等科学理论体系，我们就可以不断揭示社会主义建设的客观规律，找出解决不同矛盾的不同方法，尽可能少犯错误、避免错误，在建立社会主义和谐社会的宏伟壮丽的事业中，把社会主义理论不断向前推进。

第四节　矛盾普遍性和特殊性的关系

世界上任何事物都是矛盾的普遍性和特殊性、共性和个性、一般与个别、绝对和相对的辩证统一。这种辩证关系，表现在二者的相互联结和相互转化上。

一、矛盾的普遍性和特殊性相互联结

由于每一个事物都不但包含了矛盾的普遍性，而且包含了矛盾的特殊性，特殊性包含着普遍性，普遍性寓于特殊性之中，两者相互联结，不能割裂。所以，没有离开普遍性的特殊性，也没有离开特殊性的普遍性。正如列宁所说的："个别一定与一般相联而存在。一般只能在个别中存在，只能通过个别而存在。任何个别（不论怎样）都是一般。任何一般都是个别的（一部分，或一方面，或本质）。"这种情况，具体说来，就是：

第一，特殊性离不开普遍性。世界上万事万物无论怎样特殊，其性质均离不开同类事物的共同本质，总要服从这类事物的一般规律。从事物都是普遍联系的观点来看，矛盾的特殊性不是孤立存在的，它处于普遍联系之中，与普遍性具有必然联结的本质规定。例如，生物学上界、门、纲、目、科、属、种的分类，反映的就是各种生物之间的这种联系。它们既互相联系，又互相制约，都是普遍联系之网中的一个环节，一个方面。又如列宁在《谈谈辩证法问题》一文中举出"伊万是人"这个命题就是个别和一般的对立统一。伊万这个特殊的人是个别，人是一般，但伊万具有人的共同本质，如具有自觉能动性，会制造和使用劳动工具，等等。意思是说，张三、李四不论再怎么特殊，再怎么富有个性，他们既然都是"人"，就具有"人"的共同本质，就具有"人"的共性。再如，平面几何中的"四边形"，即由四条边组成的，且内角和等于360度的几何图形。它是正方形、矩形、平行四边形、菱形和不规则四边形的共性，它存在于正方形、矩形之中，并通过它们表现出来。因此，任何一个四边形都是普遍性和特殊性的统一体。但不能反过来讲，普遍性包含特殊性的一切方面。因为，一切特殊性是复杂多样的、丰富、生动的特殊性，只是概括了它们的共同本质，而没有概括它们各自特殊的本质。总之，世界上的任何事物不但包含了矛盾的特殊性，而且也包含了矛盾的普遍性，普遍性存在于特殊性之中，特殊性与普遍性相联结而存在，绝不能把它们截然分开。接下来给大家讲一个"白马非马"的故事。

一天，正巧公孙龙骑着白马来到函谷关。关吏说："你人可入关，但马不能。"公孙龙辩道："白马非马，怎么不可以过关？"关吏说："白马是马。"公孙龙说："我公孙龙是龙吗？"关吏一愣，但仍坚持说："按照规定只要是赵国的马就不能入关，管你是白马还是黑马。"公孙龙微微一笑，道："'马'是指名称而言，'白'是指颜色而说，名称和颜色不是一个概念。'白马'这个概念，分开来就是'白'和'马'或'马'和'白'，这是两个不同的概念。比如说你要马，给黄马、黑马可以，但是如果要白马，给黑马、给黄马就不可以，由此证明'白马'和'马'不是一回事！所以说白马非马。"关吏越听越迷糊，被公孙龙这套高谈阔论侃晕了，不知该如何对答，无奈只好让公孙龙骑白马过关。于是公孙龙的"白马论"名噪一时。

公孙龙就是因为看不到"马"和"白马"是矛盾普遍性和特殊性的关系，没有看到"白马"所具有的"马"的共性。不管是白马还是黑马，既然把它归为"马"，就说明具有"马"这种动物的共同属性。就应该承认白马是"马"。所以，只看到事物的特殊性，而看不到事物所具有的共性，就会犯类似"白马非马"的错误。

第二，普遍性也离不开特殊性，普遍性寓于特殊性之中，矛盾的普遍性通过特殊性表现出来，没有特殊性就没有普遍性，没有个性就没有共性。这在自然界和社会领域中都是显而易见的，例子不胜枚举。理解这一问题的关键点是要学会哲学上的抽象思维能力。普遍性和特殊性的关系即共性和个性的关系，其中共性是一个抽象的概念。它是看不见、摸不着的，只能通过人们的抽象思维来把握。如说到"人"的普遍本质时，并非指它包括的范围有多大，共有多少人，而是指人之所以是人的区别于他物又为每个人所共有的本质特征。说到伊万的特殊本质时，也不是讲世界上有几个叫伊万的人，而是讲伊万与别的事物比，与其他人比有什么特殊本质。这是我们讲解普遍性寓于特殊性之中的前提。

在日常生活中，我们谁也没见过一般的"人"，只见过一个个特殊的、具体的人：男人、女人、大人、小孩、胖人、瘦人、高人、矮人、中国人、外国人，以及各种职业、兴趣、爱好的人，等等。我们谁也没有见过一般的"房子"，只见过各种质料的草房、平房、楼房，见过北京的四合院、天津的小洋楼，等等。人这种"具有自觉能动性的能够制造和使用工具的动物"的普遍本质为各种人所共有，而且这种普遍的本质只能到特殊的具体人中去找，而不能到特殊的具体的人之外去找。"人"这个一般寓于每一个特殊的人中，并通过特殊的人来表现。房子这种"配有户牖的中空之物"也只能到特殊的房子如草房、平房、楼房中去找。"房子这个一般寓于各种质料、各种形状、各种规格的特殊的房屋之中，因为不能设想：在个别的房屋之外还存在着一般的房屋。金属、水果、三角形等人们比较熟悉的"一般也无不存在于"特殊"之中。从日常生活所熟悉的事物中,我们可以逻辑地归纳出普遍性寓于特殊性之中并通过特殊性表现出来的结论。

因为普遍是从特殊中抽象出来的,一般是个别的一部分,或一方面、或本质,它舍弃了特殊中最丰富、最生动的东西。所以尽管它可能是深刻的,但它是单调的。而特殊之所以特殊,就在于它不仅具有一般,而且有其特殊的属性,因而它是复杂的、丰富的。这就决定了一般不可能囊括个别的一切属性,而每一个个别也都不能完全地包括在一般之中。值得一提的是,普遍性和特殊性是统一于具体事物的,同处于一个既对立又同一的关系之中,二者是不可割裂的。共性寓于其中的那个个性,指的是具有个性的具体事物,正因为该事物理所当然地包含有它与同类事物共具的本质,共性才能寓于其中。如果把具体事物中的普遍性与特殊性割裂开来,如把伊万(列宁在《谈谈辩证法问题》一文中,举出"伊万是人"这个命题)所具有的"能够制造和使用工具"这个一般人所共有的普遍性与其"白色、蓝眼"的特殊性割裂开来,再谈什么普遍性(能够制造和使用工具)寓于特殊性(白色、蓝眼)之中,那就会得出荒谬的结论。"白马非马"论,正是通过夸大白马与马的差别,割裂共性与个性的关系,走到诡辩论的。

二、矛盾普遍性和特殊性相互转化

矛盾普遍性与矛盾特殊性的辩证统一,还表现在二者可在一定的条件下相互转化。这里讲二者之区别的相对性。矛盾的普遍性与矛盾的特殊性不是凝固不变的。由于事物范围的极其广大和发展的无限性,就使得这种转化有了可能。在一定范围内是普遍性的东西，在更大的范围内又是特殊的东西；在一定范围内是特殊的东西，在更小的范围内又成为普遍性的东西。例如，"水果"概括了香蕉、苹果、鸭梨……的共同点，是普遍性。而水果对于"果实"来说，它又是特殊性了。又如，资产阶级和无产阶级的矛盾是阶级斗争发展历史中一定阶段的产物，对于全部阶级斗争历史说来，有它的特殊性，但是对于所有的资本主义国家说来，它又具有普遍性了。又如，三角形相对于直角三角形、钝角三角形、锐角三角形来说，它是普遍性，然而对几何图形来说，它又成了特殊性了，如此等等。再如，中国人都是黄皮肤、黑头发、黑眼珠，这一特性在中国范围内都是普遍性的东西，是共性。若一个中国人到了欧洲，欧洲人的白皮肤，黄头发，蓝眼珠的特点成了欧洲人的普遍性，即他们的共性，而中国人的黄皮肤、黑头发、黑眼珠则成了特殊性。普遍性和特殊性不但随着事物空间范围的变化而转化，而且随着时间的推移在一定条件下互相转化。如，技术上的某些重大革新或新创造，在开始的时候，总是表现为单一的个别的东西，后来普及推广开来，就变成普遍的东西了。待原有的先进事物普及之后，又会出现更先进的东西，这些新东西又会逐步地由个别发展到一般。当然，个别和一般的这种互相转化，不仅指范围的大小，也指数量的多寡，同样体现了事物的普遍的联系和发展。总之，矛盾的普遍性与特殊性是相对的，它们之间没有不可逾越的鸿沟，二者随着场合、时间的变化而变化。

三、矛盾问题的精髓

关于矛盾的普遍性和特殊性的关系问题，毛泽东指出："这一共性个性、绝对相对的道理，是关于事物矛盾的问题的精髓，不懂得它，就等于抛弃了辩证法。"对矛盾问题的精髓的理解包括以下几个方面：

第一，矛盾的普遍性和特殊性的关系贯穿于矛盾问题的各个方面，是正确理解矛盾学说，把握唯物辩证法的关键。

矛盾学说即对立统一规律被列宁称为辩证法的核心。毛泽东在《矛盾论》中，不仅抓住了这一核心，指出它是唯物辩证法的最根本的法则，而且作了全面系统的论述。在叙述中，特别是在着重分析矛盾特殊性的基础上，抓住了共性个性、绝对相对的辩证关系，进行了深刻的分析，将其提炼为对于事物矛盾问题的精髓。这是因为任何事物的矛盾都存在着普遍性和特殊性的辩证关系，它贯穿于矛盾问题的各个方面，是事物一切矛盾问题展开的基础，只有弄懂这些关系，才能真正懂得对立统一规律；反之，如果只承认矛盾，而不深入到矛盾之中去研究普遍性和特殊性、共性和个性及其相互关系，就不能从总体上、相互联结上把握事物发展过程中的本质和规律。这样也就不能真正懂得事物的矛盾规律。可以说，"精髓"的论断既是"核心"思想的具体展开，又是从本质上对这一光辉思想的深入发挥，从而给人们提供了一个观察和分析各种事物的矛盾运动，以及解决矛盾问题的科学的方法论。这就丰富了对于对立统一规律的认识，发展了马克思主义的矛盾学说。并且矛盾普遍性和特殊性关系揭示了对立统一规律各个原理之间的内在联系。例如，矛盾的普遍性，矛盾的斗争性，等等，都是矛盾的共性、绝对性；矛盾的特殊性，矛盾的同一性，等等，是矛盾的个性、相对性。只有懂得了矛盾的普遍性和特殊性、共性和个性、绝对和相对的道理，才能深刻理解对立统一。对立统一规律又是唯物辩证法的核心，所以只有弄懂了共性个性、绝对相对的道理，才能真正掌握唯物辩证法。

第二，只有懂得矛盾的普遍性和特殊性的关系，才能对具体问题进行具体分析。

列宁指出，马克思主义的活的灵魂，就是对具体情况的具体分析。毛泽东在《矛盾论》中，对矛盾的特殊性，从纵横五个方面多层次地进行了剖析，并指出研究所有这些矛盾的情况，都不能带主观随意性，必须对它们实行具体分析，继而在此基础上，透彻地说明了矛盾的普遍性和特殊性的关系，提出了矛盾问题的精髓的学说。因为，矛盾的普遍性和特殊性本来是相互联结、不可分割的，如果人为地把它们对立起来，只承认矛盾的普遍性而否认其特殊性，就无法区分不同事物的特殊本质，就不可能用不同质的方法解决不同的矛盾；反之，如果只承认矛盾的特殊性，而否认其普遍性，又会否定事物之间的共性及其联系，就不可能从总体上全面地看问题。这在我党的历史经验中是有深刻教训的，前者表现为教条主义，后者表现为经验主义，都给革命造成了损失。毛泽东正是从哲学的高度科学地总结了中国革命的历史经验，在矛盾普遍性的指导下，运用矛盾特殊性理论，深刻地分析了中国的特殊国情，中国革命的特殊性质，从而把马克思主义的普遍真理同中国革命的具体实践结合起来，取得了革命的伟大胜利。

第三，矛盾的普遍性和特殊性的关系，揭示出了人类认识真理的正常秩序。

人们认识事物，就是认识事物矛盾的性质和矛盾关系。这就是从特殊到一般，又从一般回到特殊，即由认识矛盾特殊性到认识矛盾的普遍性，再由对矛盾普遍性的认识，回到对尚未研究或研究不充分的矛盾特殊性的认识。人类认识的两个过程互相联结，循环往复地进行着，而每一次的循环（只要是严格地按照科学的方法）都可能使人类的认识提高一步，使人类的认识不断地深化。辩证法也就是马克思主义的认识论，多年来，我们党正是基于这种认识运动的秩序，引申出一般号召和个别指导相结合，领导和群众相结合，一切经过试验、以点带面，抓好典型等一系列的领导方法和工作方法，以及坚持"从群众中来，到群众中去"的群众路线，坚持调查研究，实事求是，一切从实际出发来制定党的方针、政策。这些都是矛盾普遍性和殊殊性相互联结原理的生动体现，从而使辩证法走出单纯的理论圈子，在革命实践中发挥了巨大作用。

毛泽东运用这条认识规律深刻地分析了教条主义的错误。《矛盾论》写作的目的，就是从哲学思想的高度总结党的历史经验，克服存在于党内的严重的教条主义思想。王明"左"倾教条主义不是从中国实际出发，而是从"本本"出发决定中国革命的路线、方针、政策。他们既不懂得只有认识个别事物的特殊本质才能充分认识诸种事物的共同本质，不知道书本上的理论是从哪里来的，又不懂得认识事物的共同本质后还必须继续研究具体的事物，不懂得应该如何运用理论。这样他们就把一般真理当成了凭空出现的纯粹抽象的公式，脱离中国实际，照搬照用书本上的结论。从认识过程去分析，他们的错误就在于违背了由特殊到一般、又由一般到特殊的认识规律，颠倒了人类认识真理的正常秩序。

总之，掌握矛盾问题精髓的原理，不仅有重大的理论意义，而且有直接的现实性意义。

四、矛盾普遍性和特殊性关系原理的方法论意义

矛盾普遍性和特殊性辩证关系原理，对于我们正确地认识事物，学会科学的工作方法，具有重要的意义：（1）有助于我们正确地、客观地认识事物。由于客观事物矛盾的普遍性与特殊性是相互联结的，因此我们认识事物的时候，就必须把这两方面辩证地统一起来，既要从特殊性中概括出普遍性，又要在普遍性的指导下去研究特殊性，也就是要遵循从特殊到普遍，再由普遍到特殊的认识秩序。（2）有助于我们学会应用科学的工作方法。如一般号召和个别指导相结合，"从群众中来，到群众中去"，"解剖麻雀"、"抓好典型"，等等，所有这些都是矛盾的普遍性与特殊性辩证关系原理的具体运用。（3）有助于我们建设中国特色社会主义。矛盾普遍性与特殊性辩证关系的原理，是马克思主义普遍真理同各国革命和建设的具体实践相结合原则的哲学基础，也是我们建设有中国特色社会主义的重要哲学依据。马克思主义普遍真理，是从各国革命和建设的具体实践中总结概括出来的，对各国具体实践具有普遍的指导意义，是矛盾的普遍性；各国的国情、环境、历史条件又不同，具体实践必然又有自己的特点，这是矛盾的特殊性。二者相结合，才能找到适合自己国情的正确道路，搞好革命和建设。因此，我们在建设社会主义当中，既要坚持社会主义的共性，又要从我国的实际出发，体现出中国特色这一个性。在建设国家的指导思想上，我们国家的几代领导人都可以说是做出了很多创举，毛泽东思想、邓小平理论、"三个代表"重要思想、科学发展观，是马克思列宁主义的基本原理同当代中国实践和时

代特征相结合的产物，是体现矛盾普遍性与特殊性、共性和个性辩证关系的典范。

两种有助于理解矛盾普遍性和特殊性关系的方法

1. 从逻辑的角度把握和理解矛盾的普遍性与特殊性的辩证关系。

矛盾的普遍性与特殊性的辩证关系，从逻辑角度上讲就是逻辑上的属概念与种概念之间的关系，矛盾的普遍性可以看成是逻辑上的属概念，矛盾的特殊性可以看成是逻辑上的种概念。例如，从哲学角度上说，劳动产品与商品二者是矛盾的普遍性与特殊性的辩证关系，劳动产品是矛盾的普遍性，商品是矛盾的特殊性；而从逻辑上讲，二者的关系是属概念和种概念之间的关系，劳动产品是属概念，商品是种概念。

2. 通过阐述整体和部分的关系以及矛盾的普遍性和特殊性的关系的区别，来理解矛盾的普遍性和特殊性的辩证关系。

矛盾的普遍性和特殊性的关系很容易与整体和部分的关系相混淆，因为矛盾的普遍性容易被人们理解为事物的整体，而矛盾的特殊性又容易被理解成事物的部分。所以，将整体和部分的关系与矛盾普遍性和特殊性的关系区别开来，可以加深对矛盾的普遍性和特殊性辩证关系的理解和把握。

首先，无论整体还是部分都是具体的东西，人们凭感觉就可以认识。例如，中国和世界、指针和手表、人眼和人身等。而矛盾的普遍性和特殊性不全部是具体的，尤其是矛盾的普遍性，根本就不具有具体的属性，人们靠感觉无法去认识，只能通过思维去把握，而思维是认识的高级形式。例如，人和具体的人，二者是矛盾的普遍性和特殊性的关系。具体的人，人们可以凭感觉去认识，但人却是抽象的，必须先获得具体人的具体知识，然后进行深加工，由感性认识上升到理性认识，才能把握人这一概念的本质——人具有主观能动性和社会性，具有意识。我们可以举一例来详细说明，动物和人是矛盾的普遍性和特殊性的关系。从这个例子当中我们可以知道，无论是动物还是人都不具有具体的属性，都是一种抽象的概念。

其次，整体和部分的关系以及矛盾的普遍性和特殊性的关系第二点区别是，矛盾的特殊性具有矛盾的普遍性的属性。例如，矩形具有四边形的属性，等边三角形具有三角形的属性。而部分一般不具有整体的属性，三角形的一边不具有三角形稳定的属性，也不具有三角形稳定的功能；指针不具有钟表的属性，也不具有钟表的功能。再比如，一个足球队，从整体部分的角度来理解就是，整个球队是一个整体，每个成员是部分。这里的整体（球队）和部分（每个成员）都是具体的，实实在在的，是看得见摸得着的。整体的球队由每个成员组成，离开了任何一个成员，球队就无法作为一个整体开展赛事。当然，每个成员更离不开整体，一旦离开整体，就无法发挥作为球队一分子的作用。一个球员踢球技术再好，离开了球队，孤军奋战，不可能取得比赛的胜利。

五、矛盾普遍性特殊性原理和中国特色社会主义

矛盾普遍性与特殊性辩证统一的原理是建设有中国特色社会主义的哲学基础。邓小平同志指出："我们的现代化建设，必须从中国的实际出发。""把马克思主义的普遍真理同我国的具体实际结合起来，走自己的道路，建设有中国特色的社会主义，这是我们

总结长期的历史经验得出的基本结论。"这一科学论断，凝聚了极其丰富的经验，闪烁着深刻的矛盾普遍性和特殊性的辩证法的思想光辉。

在中国特色的社会主义这个命题中，社会主义是一般，中国特色是个别。一方面，中国特色不能离开社会主义的普遍原则，它必须同社会主义的本性相一致，遵循社会主义发展的一般规律。如果中国特色离开了社会主义的普遍原理，失去了社会主义的性质，那就背离了社会主义道路。另一方面，社会主义的一般只能在各国特色的个别中存在，科学社会主义的普遍原理只有通过各个国家的具体实践、具体形式才能体现出来。列宁说："由于开始建立社会主义时所处的条件不同，这种过渡的具体条件和形式必然是而且应当是多种多样的。地方差别、经济结构的特点、生活方式、居民的觉悟程度和实现这种或那种计划的尝试，等等，都一定会在国家劳动公社走向社会主义道路的特点中反映出来。这种多样性愈是丰富（不是标新立异），我们就能愈可靠愈迅速地达到民主集中制和实现社会主义经济。"也就是说，社会主义不是一种一成不变的、绝对的、僵化的统一模式，而应根据不同历史时期，不同国家、不同民族、不同地域的差别，选择适合本国的社会主义发展模式，苏联有苏联发展模式，照搬到中国必然行不通，中国有中国特色社会主义的发展模式，照搬到其他国家也不能完全适用。因此，只有把马克思主义的普遍真理与各个国家的具体实际相结合，探索出适合自己的道路，才能发挥社会主义制度的优越性。我们中国特色社会主义就是结合自己的具体实际探索出的一条新路。改革开放 30 多年以来，我国从自己的特殊国情出发，制定一套符合中国实际的路线、方针、政策，在其正确指导下，中国取得了举世瞩目的成就。这些成就充分说明了中国特色社会主义道路的正确性，我们必须继续高举中国特色社会主义的伟大旗帜，引领中国未来的发展方向。

"社会主义的普遍原则和中国特色的有机统一"应该从以下几个方面加以把握：

1. 从生产力角度来看

马克思主义认为，社会主义社会必须具备高度发达的生产力和比资本主义更高的劳动生产率，因此一切社会主义国家都必须利用无产阶级的政治统治尽快地增加生产力的总量。马克思主义的这个基本原理对于落后国家来说更有着特殊重要的意义，尤其是对我们这样一个经济文化落后、人口众多的国家来说，更必须把社会主义经济建设放在重要地位。在中国的社会历史条件下，建设社会主义首先面临的问题是怎样发展生产力，怎样改善人民生活，怎样摆脱贫困。这是我们党和国家确定政治路线和奋斗目标的基本根据。也是共产党人考虑一切问题的根本出发点。

党的十一届三中全会后，邓小平同志依据科学社会主义基本原理，从中国的实际出发，明确提出了"社会主义阶段的最根本任务就是发展生产力"的重要论断。他指出："什么是社会主义？什么叫马克思主义？我们过去对这个问题的认识不是完全清醒的。马克思主义最注重发展生产力。"他针对极"左"思潮对社会主义的歪曲，多次指出：贫穷不是社会主义，社会主义是要消灭贫穷。不发展生产力，不提高人民的生活水平，不能说是符合社会主义的要求。马克思主义认为，生产力是人类社会历史发展中起决定作用的因素。邓小平同志提出的社会主义初级阶段的根本任务就是发展生产力的论断，正是坚持了历史唯物主义的根本观点，是对科学社会主义学说的一个重要贡献。

2000 年 2 月，江泽民同志提出了"三个代表"的重要思想，其中指出：我们党"在革命、建设、改革的各个历史时期，总是代表着中国先进社会生产力的发展要求"。在世纪之交，党的第三代领导集体强调：不实现经济增长方式的转变，就不能实现跨世纪的宏伟目标；而不实现经济体制的根本转变，就不可能实现经济增长方式的转变。因此，党的十四届五中全会指出：实现"九五"计划和 2010 年的奋斗目标，关键是实行经济体制和经济增长方式这"两个根本性转变"。并指出要实现这一转变，必须实施科教兴国战略。随着我国工业化、城市化、市场化步伐的加快，经济发展与人口、环境的矛盾进一步加深。党的十五大又要求：实施可持续发展战略，坚持计划生育和保护环境的基本国策，正确处理经济发展同人口、资源、环境的关系。坚定不移地实行中国的可持续发展战略，就一定能实现我国经济的良性循环。同时，以江泽民为核心的党的第三代领导集体为了促进我国地区之间生产力的均衡发展，又提出了加快中西部发展和西部大开发战略。

党的十七大把科学发展观写入了党章。胡锦涛总书记在党的十七大报告中指出："科学发展观，第一要义是发展。"科学发展观揭示了发展的本质和内涵，其最根本的任务是发展生产力。生产力的发展必须处理各种利益关系，促进社会和谐，而且这一发展是全面协调可持续的发展。综上所述，从十一届三中全会，党的第一代领导集体把工作重点转移到经济建设上以来，经过三代领导集体的励精图治，结合中国的不同实际，提出不同的发展策略，始终以经济建设为中心，不断解放和发展生产力。即坚持马克思主义发展生产力的共性，又与我们不同时期的具体国情形结合，对发展生产力的理论进行与时俱进的充实与拓展。所以，我们在发展生产力方面，实现了矛盾普遍性和特殊性动态的统一。

2. 从所有制结构来看

中国社会主义理论的核心是坚持四项基本原则，社会主义与资本主义的本质区别就体现在所有制方面，公有制是社会主义制度的本质特征，社会主义必须建立在公有制的基础上。只要是社会主义国家就必须坚持公有制的主体地位，才能保证社会主义建设的社会主义方向，才能保证人民的共同富裕，这是社会主义的共性，也是社会主义的题中应有之意。我国的基本经济制度，不是对马克思所有制理论的否定，相反这是在对马克思经济理论深入理解基础上的创新应用。马克思所设想的由资本主义向社会主义过渡的前提是资本主义生产力的高速发展，在此基础上，才能为社会主义公有制的建立创造前提。而我们国家是从半殖民地半封建国家直接过渡到社会主义国家，没有经历资本主义充分发展生产力的阶段，这必然导致新建立的社会主义国家的生产力的相对落后。所以为了更好地坚持社会主义道路，首要的任务就是大力发展生产力。邓小平在 1992 年的南巡讲话中提出，只要有利于发展社会主义社会的生产力，有利于增强社会主义国家的综合国力，有利于提高人民的生活水平的发展方式都应该拿来为社会主义所用，这才是判断社会主义事业是非得失的标准。我国目前的基本国情是：人口多，底子薄，耕地少，人均资源相对不足，经济社会发展不平衡。而非公有制经济（包括个体经济、私营经济和外资经济）对解决我国发展中面临的问题有重要的作用，它是社会主义市场经济的重要组成部分。作用具体体现在以下几个方面：
（1）非公有制经济可以带来巨大的就业机会。非公有制经济是我国市场经济的重要组成部分，其中的个体经济机动灵活，在市场上占据很大的份额，提供了很多的就业岗位。近年来，随着中国对外开放程度的加大，大型跨国公司在我国占据了越来越多的份额，他们由于规模大、资金充足、实力雄厚，吸纳了大量的就业人口。非公有制企业不但吸收了新增的就业人员，也吸收了从国有企业分流出来的人员。以后，非公有制经济仍将会是创造就业机会的主力军。（2）非公有制经济是我国重要的税收来源，是财政收入的重要贡献者。近年来，大型上市企业、外资企业凭借自身雄厚的实力，创造了越来越多的税收，并且比重还会进一步增大。（3）发展非公有制经济对发展市场经济有巨大的推动作用。首先，非公有制经济为市场经济提供了直接参与者，即市场主体。此外，非公有制经济为市场经济提供了各种生产要素。非公有制在市场经济中平等竞争、遵守各种市场规则，给国有经济造成一定程度的压力，可以迫使国有企业积极进行改革，建立现代企业制度、积极参与市场竞争、提高国有企业的竞争力和整体实力，从而有利于保证公有制经济的主体地位。鉴于此，从我国的国情出发，在坚持马克思主义所有制基本原理（共性）的前提下，我国对所有制进行了以下创新（个性）：①所有制的结构上。坚持公有制（共性）和非公有制（个性）的共同发展；②所有制实现形式上。公有制实现形式从单纯的国营转变为国营、承包经营、股份制经营等多种经营方式。③所有制和经济体制的关系上。建立了社会主义市场经济体制，打破了计划属于社会主义、市场属于资本主义的传统观念。④所有制结构下的分配制度。我国目前的分配制度是按劳分配为主体、多种分配方式并存，这正是对中国特色所有制结构的充分体现。总而言之，我国的所有制结构充分体现了马克思主义的普遍原理与我国具体国情的相结合。

3. 从政权形式上看

社会主义国家必须实行无产阶级专政，这是任何一个社会主义国家都要坚持的普遍原则。但是各个国家的政治经济情况不同，各国人民可以根据自己的国情选择不同的无产阶级专政形式。我国由于无产阶级在历史上同民族资产阶级有着特殊的联盟关系，由于农民占我国人口的绝大多数，因而无产阶级专政采取人民民主专政的形式。这种形式与我国现阶段的阶级状况也是相适应的。同时，人民民主专政在表达上把民主和专政两方面的内容结合起来，更加清楚地表达了无产阶级专政的性质和职能。所以我国的人民民主专政是具有中国特色的无产阶级专政。此外，中国特色社会主义民主的内容还包括人民代表大会制度、中国共产党领导的多党合作和政治协商制度、民族区域自治制度和基层群众自治制度。这些政治制度是在党的领导下，中国人民经过反复的实践、探索，总结出的适合我国国情的制度。党通过对社会主义建设规律、人类历史发展规律的把握，继承中华民族的优秀历史文化传统，找到了在当代中国建设和发展社会主义民主的基本规律，即把中国共产党的领导、人民当家作主和依法治国有机统一起来。这三者的有机统一，是中国特色社会主义民主政治的本质特征。同时这一制度，也体现了社会主义的本质，代表了中国最广大人民的根本利益，符合现阶段中国社会发展进步的要求。

4. 从思想文化上看

以共产主义思想为核心的社会主义精神文明，应当是一切社会主义国家共同具有的重要特征，是社会主义制度优越性的重要表现。面对科学技术迅猛发展、综合国力剧烈竞争，面对世界范围各种思想文化相互激荡，面对中国国民素质和人才资源开发的现状，面对小康社会人民群众日益增长的文化需求，面对中国 40 多年特别是近 20 年来文化建设的经验教训，胡锦涛在十五大上提出："建设有中国特色社会主义的文化，就是以马克思主义为指导，以培育有理想、有道德、有文化、有纪律的公民为目标，发展面向现代化、面向世界、面向未来的，民族的、科学的、大众的社会主义文化。"这一中国特色社会主义文化的基本方针是"坚持以马克思主义为指导，为人民服务、为社会主义服务"。这是社会主义文化的共性，只有坚持以马克思主义为指导，才能坚持社会主义文化建设的社会主义方向。同时这一文化又具有浓郁的民族性。这一文化是中华民族几千年的历史文化的积淀，同生活在祖国大地上的人们的生活方式、思维模式、行为标准、道德情操、审美情趣、处世态度以及风俗习惯融为一体，成为"化民为俗"的东西，从而形成社会主义内容和中华民族形式相结合的全新的文化。

以上几方面是从生产力、生产关系（所有制、分配制度）、上层建筑（政治上层建筑和观念上层建筑）的角度较为全面地对中国特色社会主义进行了分析。结论充分地说明了一点：中国特色社会主义就是马克思主义普遍原理与中国实际相结合的产物。

第五章 主要矛盾和矛盾主要方面

在《矛盾论》中，毛泽东把主要矛盾和矛盾主要方面作为矛盾特殊性的一方面，但是又对这一问题加以单独的、详细的论述。在第四章矛盾特殊性的体现这一问题中，对上述问题只是点到为止，这里将对这一问题进行详细论述。

第一节 主要矛盾

在复杂事物、系统的发展过程中，有许多矛盾同时存在，互相交织着，构成一个复杂的矛盾体系。在这个体系中，这些矛盾互相作用、互相制约，共同推动事物、系统的发展。但是，这些矛盾的地位和作用是各不相同的，其中有一种是主要矛盾，居于支配地位，对事物的发展起着主导、决定的作用，其余的矛盾则属于非主要矛盾，处于次要的、从属的地位。主要矛盾的存在和发展，规定或影响着其他矛盾的存在和发展。因此，研究任何问题，如果存在着两个以上的矛盾，就要集中力量抓住主要矛盾。主要矛盾解决了，其他矛盾就比较容易解决。抓不住主要矛盾，就找不到解决矛盾正确方法。

善于抓住和集中力量解决主要矛盾，是无产阶级政党正确地解决战略策略问题的重要哲学依据。毛泽东在《矛盾论》中对当时我国半殖民地的现状进行了分析，指出当时我国社会的主要矛盾和非主要矛盾呈现着复杂的情况。毛泽东认为，在帝国主义向中国举行侵略战争的时候，中国社会各阶级，除了一些叛国分子以外，都能够暂时地团结起来反对帝国主义的侵略，这时民族矛盾成为我国社会的主要矛盾，而国家内部各阶级的一切矛盾便暂时下降到次要和服从地位。这为毛泽东提出建立最广泛的革命统一战线、关于"团结进步势力，争取中间势力，孤立顽固势力"、关于"利用矛盾，争取多数，反对少数，各个击破"等战略策略原则的提出提供了哲学依据。无论在政治斗争还是在军事斗争中，毛泽东历来主张在一定时间内只应该有一个主攻方向，集中优势兵力歼灭敌人，反对"两个拳头打人""四面出击"等等分散目标和分散力量的错误战略策略。

善于抓住和集中力量解决主要矛盾，也是我们党一个重要的领导方法、工作方法。毛泽东同志指出："在任何一个地区内，不能同时有许多中心工作，在一定时间内只能有一个中心工作，辅以别的第二位、第三位的工作"。所谓中心工作，就是为了解决主要矛盾而进行的工作。只有抓住主要矛盾，认清主要矛盾和非主要矛盾的关系，才能正确地确定中心工作，科学地安排工作秩序。任何地区、部门、单位的工作，在任何时候都必须抓住中心、抓住关键，集中主要力量解决主要问题，决不可不分主次先后、轻重缓急，"胡子眉毛一把抓"。否则就会在复杂的矛盾面前束手无策。

唯物辩证法要求抓住和集中力量解决主要矛盾，绝不等于说可以忽视非主要矛盾。事物的各种矛盾是相互制约、相互影响的。主要矛盾对非主要矛盾固然起着主导的、决定的作用，但非主要矛盾对主要矛盾也会发生影响。必须恰当地处理非主要矛盾，才有利于主要矛盾的解决。所以，在集中力量解决主要矛盾的同时，必须把主次恰当地结合起来，围绕中心，安排好全盘的工作秩序。毛泽东把这种领导艺术形象地称为"弹钢琴"。他说："弹钢琴要十个指头都动作，不能有的动、有的不动。但是，十个指头同时都按下去，那也不成调子。要产生好的音乐，十个指头的动作要有节奏，要互相配合，党委要抓紧中心工作，又要围绕中心工作而同时开展其他方面的工作"。

主要矛盾和非主要矛盾的区别不是绝对的、一成不变的，而是相对的、可变的，在一定条件下它们可以互相转化。在事物发展过程的不同阶段，虽然过程的根本矛盾未变，但由于出现了新的条件，前一阶段的主要矛盾也可以降到次要的、服从的地位，而原来的某种非主要矛盾则可以上升到主要的、支配的地位。就像毛泽东在《矛盾论》中对我国不同阶段主要矛盾的分析。当帝国主义加紧侵华的时候，民族矛盾是主要矛盾，而当帝国主义调整在华政策，比如八国联军侵华之后，在中国大力扶持其代理人，民族矛盾尖锐化程度降低，而各派军阀之间的矛盾即民族内部矛盾加深，进入军阀混战的局面，此时民族矛盾就处于了从属地位，下降为次要矛盾。当随着日本扩大侵华战争，民族矛盾又一次成为主要矛盾，此时民族各个阶级联合起来共同抗日，民族各阶级内部的矛盾就成为了次要矛盾。所以，主要矛盾和次要矛盾随着时间、条件的改变而发生地位的转换。

第二节 矛盾主要方面

像不同事物的各种矛盾发展的不平衡一样，每一矛盾各个方面的发展也是不平衡的。一方是主要的，居于支配地位，一方是非主要的，居于被支配地位。事物的性质，主要是由取得支配地位的矛盾的主要方面决定的。例如，对历史人物的评价。金无足赤，人无完人。即使再伟大的人物，人生也必然有污点。毛泽东是伟大的无产阶级革命家、战略家、理论家；是中国共产党、人民解放军、中华人民共和国的主要缔造者，他为中国共产党和人民解放军的建立和发展，为新中国的建立和我国社会主义事业的发展，有着永不磨灭的贡献，他为世界被压迫民族和人民的解放事业和人类进步事业作出了重大贡献。毛泽东是中国共产党内最早反对把马列主义教条化和苏联经验神圣化的领导人；是把马列主义与中国具体实践相结合的光辉典范；是对中国革命经验进行科学总结的杰出代表。他把中国革命理论系统化，并对马克思主义作出了独创性贡献。因此，在一定程度上，可以说没有毛泽东，就没有新中国。但毛泽东晚年犯了"左"的错误。其错误主要是：在党的中心工作问题上的阶级斗争扩大化错误；在经济建设问题上的急于求成和急于过渡的错误。所以毛泽东有功也有过，但是功远远大于过。这是对毛泽东一生的概括。所以，我们对古今中外的历史人物进行评价，应看他功过是非的主要方面。

是药三分毒，但我们强调的是那"七分药效"。药一般都有毒副作用，对人体有毒害作用，但是它在抑制或杀灭病菌或病毒方面比起毒副作用更显著，也就是我们所说的那"七分药效"，我们要看的是它这方面的作用，所以必要时药我们还是要吃的。另外比如在军事中，决策者进行决策，必须考虑利害，因为作战实质是在进行博弈，任何决策都必须考虑到得失，选择的决策通常是能获益较大，或者至少是能把损失降低到最少的。这里的"利害"其实就是我们所说的矛盾的主次方面，我们必须要正确加以判断。再比如，我们国家的决策层对当前宏观经济形势有精辟的论断，尽管困难重重，但是宏观经济走向是积极的和增长的，这里也是对经济形式的好坏性质下了论断，因为积极方面占主导，所以判断结果是可靠的、是好的。

我们国家实行的是"一国两制"的方针，在大陆主体施行的是社会主义制度，而在港澳台施行资本主义制度。我国社会主义的性质并不会因为港澳台资本主义制度的存在而受到影响，我国总体上仍是社会主义国家。

总而言之，只要对具体事物作出质的断定和评价，必须考虑这一事物主要矛盾的主要方面。抓住事物的本质和主流。

我们强调注重事物矛盾的主要方面，但绝不意味着可以忽略矛盾的次要方面。矛盾的主要方面不能离开矛盾的次要方面孤立地存在，矛盾的双方总是相互依赖、相互制约。矛盾的次要方面会影响事物的性质和进程。比如，在资本主义社会，资产阶级是矛盾的主要方面，决定着资本主义的性质（资产阶级是通过剥削工人剩余价值来追求利润最大化的阶级，所以，决定了资本主义社会是剥削性质的社会）。但作为矛盾次要方面的无产阶级，对资本主义社会的发展也产生着重要的影响。无产阶级是利润的创造者，他们生产效率的高低决定着资本家利润最大化的实现。并且，无产阶级通过经济、政治、思想的斗争对统治阶级制造压力，影响统治者的决策内容、方向等。从而给资本主义社会性质的某些方面和进程带来一定程度的影响。

矛盾的主要方面和次要方面的地位也不是一成不变的，随着条件的变化，双方会向着对立面转化。即原来的主要方面变为现在的次要方面，而原来的次要方面则变为现在的主要方面。此时，事物的性质也随之发生了根本改变。有时是由好转化为坏，有时则是相反。所以应根据不同的情况来决定是该促成事物主次方面的转化还是避免主次方面的转化。

蝇蛆也是美味佳肴

苍蝇是追腥逐臭的行家里手，且能传播霍乱、伤寒等多种疾病，历来被人们视为"四害"之一，避之惟恐不及，怎么成为餐桌上的美味佳肴呢？然而事实却是这样，昆虫学家还给这道用蝇蛆炒的形似乎鲜肉的佳肴命名为"玉笋麻果"。世上的事物就是这样奇妙，都包含着对立统一两个方面，既相互对立、相互排斥、又相互依存，相互统一，并在一定条件下能各自向自己相反的方向转化。事物都是一分为二的，苍蝇也不例外，它除了有众所周知的害处外，也有有益的一面。苍蝇具有很强的富集能力和免疫功能，能有效地吸收食物的营养成分，同时抵御各种病源体对自己的侵入。如果把苍蝇在严格封闭的笼中喂养，吃以麦为主配制的饲料，它就不仅无毒，而且营养丰富，能够做成美味佳肴，变成益虫了。

被昆虫学家请上餐桌的不仅有苍蝇，还有蚂蚁、蝗虫、黄粉虫等。专家们以自己的研究和实际行动告诉人们，许多昆虫是高蛋白、高营养的食品，如能开发利用，将是人类无法估量的食物和蛋白质源。多达100万种的昆虫除用作食品或保健品外，还可广泛用于饲料、医药、工业原料、观赏工业等多种领域，是目前地球上最大的尚没有被充分利用的资源之一，一旦形成大规模工业生产，其经济效益将十分可观。

以上事实还告诉我们，任何一个具体的认识只是对整个世界一个层次、一个领域、一个发展阶段的认识，人们应当在实践的基础上不断深化、扩展认识，把认识向前推移。人们对苍蝇由一味地消灭到有意识地加以利用，变害为益，就标志着人们认识的深化和扩展，把对苍蝇的认识推到一个新阶段。今后，如果再有人说"我的心像吃了苍蝇一样"，我们不禁要问他：是难受，还是喜悦？

像以上例子这种情况，我们肯定会积极促进其转化，类似的还有"变废为宝"。我们应积极创造条件促成这一转化。

矛盾的转化，有由坏变好的情况也就有由好变坏的情况，我们就应设法制止或延缓后一种情况发生转化的进程。"防微杜渐"就是这种情况。

在青少年成长过程中，尤其是其性格塑造期，孩子的逆反心理比较严重，就得对他们的行为倍加关注。很多小孩原本天真善良，乖巧懂事，是父母的骄傲。但到了青春叛逆期，喜欢尝试新鲜事物，游戏、逛夜店、赌博、嗜酒等，如果老师、父母刚开始没发现或发现了没及时加以制止，很多青少年就会越陷越深，荒废学业，身体素质下降，甚至走上违法犯罪的道路。由一个聪明善良的孩子变成一个不学无术的坏孩子。

又比如，为了阻止安全向危险转化，我们要加强防范意识。在马路上不抢过马路，严格遵守红灯停绿灯行的交通规则；为了防止森林火灾，严格带任何火源进入森林。要知道，星星之火可以燎原；为了寝室安全，随时出门随时锁门，尽量不在寝室吸烟，尤其是躺在床上吸烟。小心驶得万年船。

因此，在分析和处理问题时，必须既要抓主要的矛盾方面，又要照顾到非主要的矛盾方面，就是说要在两点中抓住重点，在抓重点时，又不忘记两点。坚持"两点论"和"重点论"的统一，不搞"一点论"和"均衡论"。"一点论"和"均衡论"都是形而上学的表现，在理论和实践上都是错误的，必须加以反对。同时，及时抓住"两点"之间的转化，以便正确地分析和估计事物发展的苗头和趋势。坚持"一个中心、两个基本点"的基本路线正是贯彻和体现了这一观点和方法。改革开放以后，我国开始以经济建设为中心，但同时兼顾两项基本原则即坚持四项基本原则和改革开放，经济建设和两项基本原则的兼顾，这是做到了两点论，但这两点中，又是以经济建设为中心，即两点是有重点的两点，重点又是两点中的重点。

第六章 矛盾思想的继承和发展

　　毛泽东的《矛盾论》在中国哲学史上占有重要的历史地位，它对中国的影响更是不可估量，不管在理论上还是实践上，都深深地影响着中国一代又一代中国人。在实践上，《矛盾论》对中国革命和建设的伟大事业起着巨大的指导作用，尤其是在抗日战争时期，为抗日战争的战略战术、一系列方针政策的制定和执行奠定了理论基础。它还为党开展政治、经济、文化等各项工作提供了科学的工作方法和领导方法。它是中国人民学习马克思主义哲学不可或缺的重要理论资源，是指导中国人民认识世界和改造世界的伟大思想武器，中国共产党人有了这一伟大思想武器，便在其引领下取得革命和建设的一个又一个胜利。在理论上，《矛盾论》不仅体现了毛泽东本人哲学思想的理论化和系统化，而且实现了马克思主义哲学的中国化，为中国哲学现代化指明了发展方向。从此以后，不但毛泽东本人把《矛盾论》的基本思想运用到政治哲学、军事哲学、艺术哲学等各个领域，而且以邓小平为核心的第二代领导集体、以江泽民为核心的第三代领导集体和以胡锦涛为总书记的党中央继承和发展了《矛盾论》的理论精髓，使矛盾思想实现了与时俱进和理论创新。

第一节 毛泽东本人对矛盾思想的完善

《矛盾论》是马克思主义理论中国化的产物，它必定反映时代的特点，符合中国的国情，这就是矛盾思想的科学之处，理论是否科学只有在实践中才能得以证明。毛泽东在写成《矛盾论》之后，并没有固步自封，而是把它运用于指导中国的革命和建设，接受实践的检验，并且写出了一系列具有科学性和创造性的政治、经济、文化、军事著作。这些实践和著作，是矛盾精神和原则的具体体现，并且还进一步发展了矛盾思想，使矛盾理论能与时俱进。以下分两个时期来阐述对矛盾思想的继承和发展——新民主主义革命时期和新中国以后的社会主义建设时期。

一、新民主主义革命时期毛泽东对矛盾学说的继承和发展

《矛盾论》写成于 1937 年，对抗日战争和解放战争的胜利具有巨大的指导作用。在抗日战争和解放战争时期，中国的新民主主义革命继续向前发展并一步步取得胜利。在这两个伟大的历史时期，一方面，《矛盾论》核心思想、基本原则接受了革命实践的检验，战胜了各种错误的思想倾向，成为指导全党的方法论基础，在此基础上，与马克思注意的方法论相结合，形成了我们党的思想路线；另一方面，《矛盾论》的基本理论和原则在运用于经济、

政治、文化和军事等各个方面的过程中，毛泽东总结新的革命实践和经验，进一步丰富、发展了《矛盾论》的基本理论。在这一时期，对《矛盾论》的基本理论的丰富和发展，表现在以下几个方面：

第一，毛泽东进一步系统地论述了过程中基本矛盾和主要矛盾、主要矛盾的发展变化，并提出了关于根本质变和部分质变的思想，发展了他的"过程论"。在《论持久战》一文中，他写道："这些特点（指中日战争中互相矛盾着的双方的各自特点）在战争过程中将各依其本性发生变化，一切东西就都从这里发生出来。这些特点是事实上存在的，不是虚造骗人的；是战争的全部基本因素，不是残缺不全的片断；是贯彻于双方一切大小问题和一切作战阶段之中的，不是可有可无的。"在这里，他对比了中国和日本这两个对立面之间的全部关系，而且论述了矛盾对立双方以及两者关系的变化过程。在这里，毛泽东不仅从静态的角度分析了矛盾双方的各自特点和双方的对比关系，而且从动态的角度予以论述，从而丰富、发展了矛盾思想，保持了矛盾思想发展的贯通性和科学性。

第二，重新解释了矛盾同一性与斗争性的相对、绝对的关系。在《矛盾论》里，毛泽东对矛盾同一性与斗争性的相对、绝对关系的论述是承袭了列宁的基本观点，认为"同一性是有条件的、相对的。""矛盾的斗争性是无条件的、绝对的。"但在中国新的革命实践的基础上，他对矛盾论的思想进行了新的概括，这与列宁的概括明显不同。他是这样表述的："依一时说，统一是绝对的，斗争是相对的；依永久说，统一是相对的，斗争是绝对的。绝对占统治地位。"毛泽东并且认为："统一即事物的暂时安定。事物的安定，暂时来看是绝对的，从长久来看是相对的，这才是'相对之中有绝对'之意"。在这里，毛泽东对矛盾同一性、斗争性相对和绝对关系的论述从运动与静止的辩证关系角度予以论述。在党的六届六中全会的报告《论新阶段》和总结中，毛泽东也表述了这一思想：抗日战争时期，抗日各阶级之间的矛盾同一性是绝对的，而独立自主、进行必要的斗争的矛盾的对立性则是相对的。

第三，揭示了矛盾并非只具有非此即彼的矛盾双方，矛盾对立面之间具有"亦此亦彼"的中介环节，打破了人们非此即彼的二元论思想。毛泽东在《新民主主义论》中，分析了这个未来社会的二元结构性。他指出在新民主主义的经济、政治、文化的二元并存中，其中的一元居于主导地位，决定新民主主义社会向未来一元性社会过渡的方向，对立的一元居于非主导的地位，而在二元之间还有"亦此亦彼"的中介。新民主主义社会的二元并存性，使之既区别于资本主义，又区别于社会主义。毛泽东在《目前抗日统一战线中的策略问题》一文中，指出："抗日战争胜利的基本条件，是抗日统一战线的扩大和巩固。而要达此目的，必须采取发展进步势力，争取中间势力，反对顽固势力的策略，这是不可分离的三个环节，而以斗争为达到团结一切抗日势力的手段"。也指出了中间势力作为进步势力和顽固势力对立面的一个中介，是一个经常动摇于进步势力和顽固势力之间的一个势力，因而我们要扩大和巩固抗日统一战线，就必须争取中间势力，不能把辩证法的矛盾学说简单地化为无中介的两极对立。

第四，拓宽了矛盾学说的新领域，把矛盾学说广泛地运用于政治问题、经济问题、文化建设、党的建设、军事问题、具体的领导方法和工作方法中。如在《论持久战》中，毛泽东写道："日本是一个强大的帝国主义国家，但它的侵略战争是退步的、野蛮的；中国的国力虽然比较弱，但它的反侵略战争是进步的、正义的，又有了中国共产党及其领导下的军队这种进步因素的代表。日本战争力量虽强，但它是一个小国，军力、财力都感缺乏，经不起长期的战争；而中国是一个大国，地大人多，能够支持长期的战争。日本的侵略行为损害并威胁其他国家的利益，因此得不到国际的同情与援助；而中国的反侵略战争能获得世界上广泛的支持与同情。这些特点'规定了和规定着战争的持久性和最后胜利属于中国而不属于日本'"。在这里，毛泽东运用矛盾分析方法对中日矛盾双方进行了全面的比较，从而有力地驳斥了"速胜论"和"速亡论"，对中国的军事胜利奠定了理论基础。《在延安文艺座谈会上的讲话》一文分析了一系列过去未曾分析过的矛盾，着重说明了矛盾诸方面相互渗透、相互促进的同一关系。在《关于领导方法的若干问题》中，毛泽东提出了"科学的领导方法"这一新范畴，阐述了这种领导方法所具有的唯物史观、认识论和方法论三者统一的特点。

二、新中国成立后毛泽东对矛盾理论的积极探索

建国以后，我国进入社会主义革命和社会主义建设的时期，此时，我们党和国家面临着如何在一个政治经济落后的国家建立和建设社会主义社会的艰巨任务，我国出现了大量前所未有的新问题、新情况和新矛盾。在这一阶段，毛泽东一如既往地重视对马克思主义哲学的学习和研究，并结合社会主义改造及建设时期的实际情况，提出了一些新的论断，进一步发展了马克思主义矛盾

学说的理论体系。具体说来，表现在以下几个方面：

第一，运用矛盾分析方法指导了过渡时期的总路线。我们可以从总路线的内容中加以分析，完整表述为："从中华人民共和国成立，到社会主义改造基本完成，这是一个过渡时期。党在这个时期的总路线和总任务，是要在相当长的时期内，逐步实现社会主义工业化，逐步实现国家对农业、手工业、资本主义工商业的社会主义改造。"总路线的核心内容是"一化三改"，"一化"指的是发展生产力，逐步实现社会主工业化，这是总路线的主体；"三改"是解放生产力，逐步实现对农业手工业和资本主义工商业的社会主义改造，这是总路线的两翼。生产力和生产关系的矛盾运动推动社会的发展，是社会发展的根本动力。在建国初期，主要任务是发展生产力，实现社会主义现代化，而旧的生产关系成为阻碍生产力发展的障碍，变革现有的生产关系也和发展生产力一样，成为了亟待解决的问题。毛泽东正是看到了生产力和生产关系这对矛盾双方的相互作用，才有了过渡时期的总路线的产生，指导着新中国初期的社会主义建设。

第二，矛盾学说从革命的理论变成了建设的理论。在进入社会主义建设时期，随着国内主要矛盾的变化，即由阶级矛盾向人民内部矛盾的转化，毛泽东的矛盾思想则对社会主义建设具有重要的指导意义。毛泽东运用矛盾学说，致力于探索适合中国国情的"中国工业化道路"。这一时期，对经济建设的很多矛盾分析集中于《论十大关系》中的论述。他指出："这十种关系，都是矛盾。世界是由矛盾组成的。没有矛盾，就没有世界。"这不仅强调了社会主义社会中矛盾的广泛存在，而且强调了社会主义社会中各种矛盾的相互协调、相互促进的关系，对如何正确处理经济建设中客观规律和主观认识上的矛盾，尊重客观规律和发挥主观能动性的关系，以及经济建设中内外各种矛盾等等都作了深刻论述，特别是对对立面之间结合的方法有生动的运用和发挥。

　　第三，坚持用对立统一规律分析考察社会主义，明确肯定了矛盾的存在仍然是推动社会主义发展的根本原因和动力，第一次系统地阐述了社会主义社会的基本矛盾问题。马克思和恩格斯创立的唯物史观认为，生产力与生产关系、经济基础和上层建筑的矛盾是人类社会发展的根本动力，它们贯穿于人类社会发展始终。但由于客观条件限制，他们并未明确提出"社会基本矛盾"这一概念。毛泽东在《关于正确处理人民内部矛盾的问题》写道："马克思主义的哲学认为，对立统一规律是宇宙的根本规律。这个规律，不论在自然界、人类社会和人们的思想中，都是普遍存在的。矛盾着的对立面又统一，又斗争，由此推动事物的运动和变化。矛盾是普遍存在的，不过按事物的性质不同，矛盾的性质也就不同。对于任何一个具体的事物说来，对立的统一是有条件的、暂时的、过渡的，因而是相对的，对立的斗争则是绝对的。这个规律，列宁讲得很清楚。"，"许多人不敢公开承认中国人民内部还存在着矛盾，正是这些矛盾推动着我们的社会向前发展。许多人不承认社会主义社会还有矛盾，因而使得他们在社会矛盾面前缩手缩脚，处于被动地位；不懂得在不断地正确处理和解决矛盾的过程中，将会使社会主义社会内部的统一和团结日益巩固。这样，就有必要在中国人民中，首先是在干部中，进行解释，引导人们认识社会主义社会中的矛盾，并且懂得采取正确的方法处理这种矛盾。"经过以上的分析，最后得出这样的结论："在社会主义社会中，基本的矛盾仍然是生产关系和生产力之间的矛盾，上层建筑和经济基础之间的矛盾。"在这里，毛泽东继承了马克思、恩格斯、列宁的思想，并且第一次将生产力与生产关系、经济基础与上层建筑的矛盾概括为"社会基本矛盾"，并将社会基本矛盾的思想运用于对社会主义具体情况的分析之中。而斯大林确认为社会主义社会没有矛盾。毛泽东的社会主义社会矛盾理论，突破了前苏联社会主义社会无矛盾的观点，解决了社会主义社会自我完善和发展的内在动力、机制和特点的问题，深刻论证了社会主义社会是一种对立统一的矛盾发展过程，这些理论为巩固发展社会主义制度提供了理论指南。

第四，首次系统地提出社会主义社会两类不同性质的社会矛盾理论，深刻地论述了正确处理人民内部矛盾是社会主义社会政治生活中的主题这一极其重要的思想。马克思和恩格斯未能对社会主义的矛盾作出具体的说明，列宁认为在社会主义社会对抗虽已消失，矛盾仍将存在，斯大林在理论上否认社会主义社会存在矛盾，在实践中严重混淆两类不同性质的矛盾。毛泽东在正确分析国内错综复杂的矛盾，总结我党和国际共产主义运动的历史经验的基础上，第一次提出正确区分和处理社会主义社会两类不同性质的矛盾的理论。他说："在我们面前有两类社会矛盾，这就是敌我之间的矛盾和人民内部的矛盾。这是性质完全不同的两类矛盾"，"敌我之间的矛盾是对抗性的矛盾。""人民内部的矛盾，是在人民根本利益一致的基础上的矛盾。"此外，毛泽东还系统地论述了两类不同性质的社会矛盾的表现、区分标准、相互转化及其处理两类矛盾的根本方法和指导方针。"敌我之间和人民内部这两类矛盾的性质不同，解决的方法也不同。简单地说起来，前者是分清敌我的问题，后者是分清是非的问题。""凡属于人民内部的争论问题，只能用民主的方法去解决，只能用讨论的方法、批评的方法、说服教育的方法去解决"，"我们曾经把解决人民内部矛盾的这种民主的方法，具体化为一个公式，叫做"团结——批评——团结"。讲详细一点，就是从团结的愿望出发，经过批评或者斗争使矛盾得到解决，从而在新的基础上达到新的团结。"其目的在于"团结全国各族人民进行一场新的战争——向自然界开战，发展我们的经济，发展我们的文化，使全体人民比较顺利地走过目前的过渡时期，巩固我们的新制度，建设我们的新国家。"

第二节　邓小平对矛盾学说的运用和发展

毛泽东的矛盾理论诞生于中国革命的年代，他的矛盾理论可以说是革命的辩证法，而邓小平作为党的第二代领导核心，作为一名伟大的马克思主义者，开创了中国改革开放的新时代，带领全国人民进行社会主义建设，他对于矛盾问题有许多理论联系实际的论述，形成了系统的有创造性的建设辩证法，丰富和发展了毛泽东的矛盾学说。

第一，邓小平非常重视中国的特殊国情，即重视矛盾的特殊性，提出建设有中国特色的社会主义的理论。毛泽东在《矛盾论》中，把矛盾普遍性和特殊性的关系，即矛盾的共性和个性的关系，概括为关于事物矛盾问题的精髓。邓小平在坚持矛盾普遍性的基础上，特别重视矛盾的特殊性，他在党的十二大明确提出："把马克思主义普遍真理同我国的具体实际结合起来，走自己的道理，建设有中国特色的社会主义，这就是我们总结长期历史经验得出的基本结论。"马克思主义普遍真理，就是矛盾的普遍性；我国的具体实际，就是矛盾的特殊性，邓小平提出的把马列主义普遍真理同我国具体实际结合起来，走中国特色社会主义道路，就是在坚持矛盾普遍性和特殊性相结合的同时，突出我国具体实际的特殊性，强调走一条有中国特色的社会主义现代化建设道路，而不能照搬照抄别国经验和模式。所以，邓小平提出的走中国式的社会主义建设道路的思想，是关于事物矛盾问题精髓的学说，在新的历史条件下的运用和发展。

第二，邓小平把毛泽东的"两点论"和"重点论"理论运用于社会主义建设的伟大实践，在社会主义建设的过程中，善于抓住社会主义社会的主要矛盾，及时实现重点转移。毛泽东在《矛盾论》里，专门论述了主要矛盾和次要矛盾，主要矛盾方面和次要方面的关系，并用"一分为二"给予通俗表述，并且运用了某些系统论的思想去分析矛盾群。但由于当时科学技术和历史条件的限制，毛泽东那时的系统论思想并没有得到充分发挥，到了晚年，他出现了把"一分为二"简单化、绝对化倾向。邓小平辩证地继承、科学地发展了毛泽东的"一分为二"思想，把"两点论"和"重点论"有机地统一起来，分析我国当前的主要矛盾，为我们党制定了一系列正确的路线、方针、政策。他认为我国当前的主要矛盾是人民日益增长的物质文化需要同落后的社会生产之间的矛盾，而在这一社会主要矛盾中，主要方面又是落后的社会生产。因此，邓小平坚定地表明："现在要横下一条心来，除了爆发大规模战争以外，就要始终如一地、贯彻始终地搞这件事，一切围绕着这件事，（注："这件事"指经济建设）不受任何干扰。"

邓小平在 1987 年，党的十三大会议上阐述了社会主义初级阶段的基本路线："领导和团结全国各族人民，以经济建设为中心，坚持四项基本原则，坚持改革开放。自力更生，艰苦创业，为把我国建设成为富强、民主、文明的社会主义现代化国家而奋斗。""一个中心、两个基本点"是这条路线的简明概括。社会主义初级阶段的主要矛盾（人民日益增长的物质文化同落后的社会生产之间的矛盾）决定了我们必须以经济建设为中心，这是我们社会主义建设中的"重点"，确立"一个中心"，就从根本上纠正了以阶级斗争为纲的错误，以实现社会主义发展社会生产力的根本任务和不断提高人民物质文化生活水平的目的。同时，我们是社会主义国家，必须坚持"四项基本原则"和"改革开放"，不坚持四项基本原则，就不能保障改革开放的社会主义方向；不坚持改革开放，就会使社会主义制度缺乏生机和活力，所以"两个基本点"也必须坚持。"一个中心"、"两个基本点"是我们社会主义初级阶段社会主义建设必须坚持的"两点"，而"一个中心"又是"两点"中的"重点"，邓小平的建设理论就是对毛泽东"两点论"与"重点论"理论的具体实践和运用。此外，邓小平强调在抓以经济建设为中心，又要抓民主法制，既要抓物质文明建设，又要抓精神文明建设。他的这一"两手抓""两手都要硬"的思想，无不体现"两点论""重点论"和系统化的有机统一，继承和发展了毛泽东的矛盾观。

第三，毛泽东的矛盾思想以及具体实践运用更突出斗争性的一面，而邓小平则注重矛盾的同一性，辩证地处理社会主义社会建设过程中的各种矛盾。在《矛盾论》中，毛泽东提出了矛盾的同一性是相对的，矛盾的斗争性是绝对的观点。但后来，他又结合当时具体实际，发展了这一思想，认为暂时的矛盾同一性也是绝对的，在某一时间内具体的实践的同一性是绝对的。不过，毛泽东的哲学思想诞生在中国的革命战争年代，他的矛盾思想以及矛盾思想的具体运用更偏重于斗争性。邓小平在新的历史时期，从实际情况出发，总结并吸取"文化大革命"搞"斗争哲学"的教训，在坚持矛盾斗争性的基础上，适度地把矛盾的同一性作为重点，强调建设的辩证法。如他创造性提出用"一国两制"来实现祖国统一，主张用和平共处五项原则发展同其他国家关系，制定"搁置争议、共同开发"这一方针来解决某些国际争端等。

第四，运用关于社会主义社会基本矛盾的原理，逐步进行体制改革。毛泽东在《矛盾论》和《关于正确处理人民内部矛盾的问题》中，都提到并论述了生产力和生产关系、经济基础和上层建筑这两对社会基本矛盾，并从原则上提出社会主义基本矛盾的性质、特点和解决的办法，并把这一理论具体应用于中国社会主义社会，揭示了社会主义发展的普遍规律，这是他对唯物史观的伟大贡献。但是他在这个问题上有两方面的失误：一是忽视生产力的决定作用，夸大生产关系和上层建筑的反作用；二是对解决社会基本矛盾的方法搞错了。他更多地借用革命斗争大搞群众运动的方法来指导经济建设，通过不断变更上层建筑来刺激生产力的发展，如"大跃进""人民公社""文化大革命"等。邓小平一方面继承毛泽东的社会基本矛盾思想；另一方面，他又纠正了毛泽东的晚年错误，果断地提出把工作的重点转移到社会主义现代化建设上来，大力发展生产力，巩固社会主义的经济基础。对于生产关系不适应生产力、上层建筑不适应经济基础的某些环节，通过有计划、有步骤的体制改革来加以调整。他认为在社会主义基本制度确立以后，还要通过从根本上改变束缚生产力发展的旧经济体制，建立充满生机和活力的社会主义市场经济体制；同时相应地改革政治体制，以促进生产力的发展。这是邓小平对毛泽东的社会基本矛盾的新发展，也是对社会主义革命理论的新贡献。

第三节 江泽民对矛盾学说的继承和创新

江泽民作为党的第三代领导核心，他在社会主义现代化建设新时期，以毛泽东思想为基点，高举邓小平理论伟大旗帜，正确运用辩证理论思维，在全面推进建设有中国特色社会主义伟大事业中不断开创新境界，提出新创见，丰富和发展了矛盾学说。

第一，转变人民内部矛盾解决方式，强调运用多种手段妥善处理人民内部矛盾问题，深化和发展了人民内部矛盾理论。在如何处理人民内部矛盾的思路方面，毛泽东更多强调思想政治工作在处理人民内部矛盾中的作用，反对物质刺激，重视斗争方法；邓小平处理人民内部矛盾的核心思想是抓发展生产力，提高人民的物质生活水平，强调用经济方法解决人民内部矛盾问题；江泽民则密切联系社会主义初级阶段的特点，继承、发扬了毛泽东、邓小平处理人民内部矛盾的思想精华，提出新形势下正确处理人民内部矛盾的新手段、新方法。他强调安定团结的重要性，采取了一种综合治理、多管齐下的办法，既发挥政治、思想作用，又充分利用经济、行政、法律等主要手段，化解矛盾。他明确指出："对于人民内部矛盾，要深入实际调查研究，做好思想政治工作，区别不同情况，正确运用经济、行政和法律手段加以处理，防止矛盾激化。"

第二，继承发展毛泽东、邓小平的矛盾系统分析方法，建构一个新的矛盾分析体系。毛泽东在《论十大关系》和《关于正确处理人民内部矛盾的问题》等著作中，使用矛盾群的系统分析方法，详细论述了社会主义时期各方面矛盾及其在不同领域的具体表现。江泽民在《论十二大关系》中，自觉继承和运用了毛泽东对矛盾群的系统分析方法，以建设有中国特色社会主义理论为基础，分析了现阶段我国社会一系列矛盾，建构了一个新的矛盾分析体系。如果说《论十大关系》是"社会主义建设辩证法"这一唯物辩证法在中国发展新阶段的开山之作和奠基之作，而江泽民的《论十二大关系》则是"社会主义建设辩证法"在中国的新发展的标志。《论十二大关系》以"改革、发展、稳定"三者的矛盾关系为总纲，分别论述了发展方面的四个矛盾关系，改革方面的五个矛盾关系，稳定方面的两个矛盾关系，并提出要使矛盾诸方面的各方面"相互协调、相互促进"，以实现"改革、发展、稳定"三者的战略上的统一的方针。这篇文章，从当前的实际出发，立足于战略全局，把各种矛盾集合在一个战略关系的格局之中，以"对立面的统一"为落脚点，对我国社会主义现代化建设的矛盾群进行了系统分析，具有重要的哲学价值。

第三，实事求是地分析社会主义初级阶段的具体国情，发展了毛泽东的"中介"辩证法。恩格斯说："一切差异都在中间阶段融合，一切对立都经过中间环节而互相转移，对自然观的这样的发展阶段来说，旧的形而上学的思维方法不再够用了。辩证的思维

方法同样不知道什么严格的界限，不知道什么普遍绝对有效的
'非此即彼！'它使固定的形而上学的差异互求转移，除了'非此
即彼！'又在恰当的地方承认'亦此亦彼！'并使对立面通过中介
相联系。"在新民主主义时期，毛泽东通过分析新民主主义社会的
二元结构性，揭示了矛盾对立面之间具有"亦此亦彼"的中介环
节这个矛盾辩证的奥秘。江泽民在中国共产党第十五次全国代表
大会上作的报告中，详细地分析了中国社会主义初级阶段的具体
国情，指出这一社会阶段是实现社会的九个方面"逐步转变"的
历史阶段，其中前两个"逐步转变"（社会主义初级阶段，是逐步
摆脱不发达状态，基本实现社会主义现代化的历史阶段；是由农
业人口占很大比重、主要依靠手工劳动的农业国，逐步转变为非
农业人口占多数、包含现代农业和现代服务业的工业化国家的历
史阶段）是社会总体性的，中间五个"逐步转变"（是由自然经济
半自然经济占很大比重，逐步转变为经济市场化程度较高的历史
阶段；是由文盲半文盲人口占很大比重、科技教育文化落后，逐
步转变为科技教育文化比较发达的历史阶段；是由贫困人口占很
大比重、人民生活水平比较低，逐步转变为全体人民比较富裕的
历史阶段；是由地区经济文化很不平衡，通过有先有后的发展，
逐步缩小差距的历史阶段；是通过改革和探索，建立和完善比较
成熟的充满活力的社会主义市场经济体制、社会主义民主政治体
制和其他方面体制的历史阶段）是结构性的，最后两个"逐步转
变"（是广大人民牢固树立建设有中国特色社会主义共同理想，自
强不息，锐意进取，艰苦奋斗，勤俭建国，在建设物质文明的同
时努力建设精神文明的历史阶段；是逐步缩小同世界先进水平的

差距,在社会主义基础上实现中华民族伟大复兴的历史阶段)是过程上的。这个分析表明,处在社会主义初级阶段的中国,在结构上是一个中介型国家;在过程上是一个过渡型或转变型的国家。总起来说,社会主义初级阶段的性质就是"中介过渡性"。正因为江泽民清楚地把握住了社会主义初级阶段的中介过渡的辩证性,所以他能领导全国各族人民顺利进行社会主义现代化建设。

第四,提出了正确认识新时期人民内部阶级、阶层关系,实现"全体人民各尽所能、各得其所而又和谐相处的局面"的"和合辩证法"思想,坚持和发展了毛泽东、邓小平的矛盾论。中国现有的各阶级各阶层,作为市场经济中的利益主体,相互之间存在着各种各样的矛盾;但是这些矛盾是根本利益一致基础上的人民内部矛盾,因而党处理矛盾的落脚点是要协调其利益、实现其团结、促进其和谐、调动其积极态度和创造精神。江泽民在十六大报告中,要求充分调动所有人们的积极性,充分调动一切生产要素的创造力,"正确反映和兼顾不同方面群众的利益,使全体人民朝着共同富裕的方面稳步前进。"所有这些理论观点和政治方针都体现着"和合辩证法"思想。在实践的意义上,对立统一规律应重视统一。对于实践及其客观效果来说,认识对立面,把握矛盾斗争性,都只能是过程和手段,目的均是为了使对立面最终统一起来。这样条件下矛盾的斗争性向同一性的转化是扬弃性的,即通过消灭、吞并、离散、消解旧矛盾,创造新格局;在另一种条件下斗争性向同一性的转化则是和谐性或协调性的,即对矛盾着的对立面进行改造、协调,实现和谐相处,共同发展。在革命战争时期,毛泽东展现了对敌我矛盾扬弃性处置的雄才大略;在改革开放之后，邓小平扭转了片面强调一切矛盾对立性的"左"倾思维，指明了不但非对抗性矛盾可以用协调性方法去处理，而且某些对抗性矛盾也可以有条件地加以协调；江泽民则在社会主义初级阶段多元社会格局已经大体确定的新时期，进一步发挥了协调性处理方法的作用，寻求全体人民大和谐、大合作、大团结的"和合"新境界。

第七章 《矛盾论》的地位和价值

《矛盾论》是马克思主义哲学中国化的经典文献，是毛泽东哲学思想成熟的标志，是我们党确立一切从实际出发，实事求是，理论和实践相结合的辩证唯物主义的思想路线的理论基础，也是我们党把马列主义的普遍真理同中国革命的具体实践相结合的科学指导方法，同时对建设有中国特色社会主义有重要的理论指导意义。下面从历史地位、科学价值、现实意义以及国际影响四方面展开具体阐述。

第一节 《矛盾论》的历史地位

《矛盾论》是毛泽东对我国革命经验的哲学总结，是马克思主义中国化的重要理论文献。

第二次国内革命战争末期和抗战初期，毛泽东完成了《矛盾论》的写作，他在 20 世纪 60 年代曾这样说过："写这两部哲学著作（还有一本就是《实践论》），是适合于当时需要不能不写的。"

自中国共产党成立以来，中国革命就经历了起起落落的曲折之路。首先北伐战争的胜利离不开第一次国共合作的基础，可是当时我党仍处于幼年时期，思想不成熟，陈独秀为首的党中央干部还犯下了右倾机会主义错误，过于保守，最终导致了大革命的失败。在失败的血的教训中，中国共产党不得不转战敌人统治力量较为薄弱的广大农村地区，我党自此开始了独立领导中国革命的新征程：先后建立农村革命根据地、开展土地革命、武装斗争，开辟了农村包围城市的革命道路，星星之火形成了燎原之势，革命力量蓬勃发展。然而党内以追求冒进的王明为首的"左"倾教条主义错误却开始泛滥了，这直接导致第五次反围剿的失败，于是党被迫进行战略转移（长征），最终导致革命损失惨重。面对曲曲折折的革命之路，总结经验的任务鲜明地摆到全党面前。毛泽东认为，总结经验必须提高到哲学高度，因为一切政治错误都是由于离开了辩证唯物论。"左"的冒进与右的保守错误都是偏离思想路线的结果。这两种错误即要么超出现实，要么硬套书本，要么过于虚无。犯了把马克思主义思想教条化，把共产国际指示神圣化，把苏联经验绝对化的错误。我们党如果不从思想路线和哲学的角度出发去分析问题，那么会有另一个错误在解决已存在的问题时发生。正如我们党在纠正陈独秀右倾错误后，又连续犯三次"左"倾错误，并且一次比一次严重，最终王明"左"倾错误几乎导致中国革命陷入绝境，这些连续错误的关键在于离开了思想路线去思考问题、解决问题，最终偏离了中国发展的大方向，这两种错误也没有彻底地从哲学角度清算。

鉴于此，毛泽东在总结政治、军事斗争经验教训时，总是结合这些实际斗争进行哲学分析。在《论反对日本帝国主义的策略》

和《关于中国革命战争的战略问题》两部著作中，毛泽东分别从政治路线、军事路线对"左"倾教条主义错误进行批判。这些批判都是必要的，但毛泽东认为这些还远远不够，必须对党内存在的两种错误作系统的哲学分析、概括和总结，于是开始写作专门的哲学著作《实践论》和《矛盾论》。

《矛盾论》对"左"右倾错误的形而上学实质作出了深刻揭示，毛泽东指出：犯这两种错误的人大多不懂得由特殊到一般、又由一般到特殊的这种认识过程的辩证法，不愿意艰苦研究具体事物存在的具体问题（即具体问题具体分析），把一般真理（普遍性）看得神秘而不可捉摸，看成是万能公式。他们也不了解应当用不同的方法去解决不同的矛盾，而只是千篇一律地用万能公式到处硬套，这就只能使革命遭受挫折，这样出现教条主义的错误也是在所难免的。总之，《矛盾论》从哲学的角度，对马列主义同中国革命的具体实践相结合的观点作出了充分的论证。深刻地批判了脱离中国革命实践去研究马列主义的教条主义错误，并且系统总结了如何实现马列主义与中国革命具体实践相结合的科学方法论。它的问世，标志毛泽东哲学思想的系统形成，从而为实现马克思主义的中国化奠定了重要的哲学基础。

《矛盾论》进一步推进了马克思主义中国化的历史进程。这部哲学著作不仅掀起了群众性哲学学习的高潮，而且也促进了实事求是思想路线在全党的确立。在毛泽东的倡导下，首先开始了马克思主义哲学的研究与宣传活动。主要表现在：1938 年 8 月在延安成立了马克思主义哲学的学术团体——延安新哲学会，主要是组织干部研究学习与中国革命的历史经验结合的马克思主义哲学；再者是毛泽东在 1938 年 10 月中国共产党第六届中央委员会扩大的第六次全体会议上作《论新阶段》的政治报告，他对我国应该推进马克思主义中国化的历史任务作出了明确的指示。随着群众学习的高潮，到1942年延安整风运动，在全党确立起理论同实际相结合的实事求是的马克思主义思想路线。总之，《矛盾论》是党的思想路线的哲学基础，是马克思主义中国化的哲学基础，是反对主观主义和"左"右倾错误的强大思想武器。

《矛盾论》促进了马克思主义哲学的中国化，我们应从以下三方面来把握：(1)《矛盾论》是马克思主义普遍原理与中国革命具体实践相结合的产物。在写作《矛盾论》之前，中国已经经历了长期的革命斗争，两次国内革命战争。在第一次国内革命战争中，年幼的共产党犯了以陈独秀为代表的右倾机会主义错误，放弃了对中国革命的领导权，才酿成"四一二政变"和"七一五政变"的悲剧，第一次国共合作破裂。在南昌起义，"八七会议"之后，中国共产党开始了独立领导工农红军进行武装革命的历史征程，但党内的思想路线问题一直没有得到解决，纠正右的过程中，"左"的错误却一步步膨胀，从1927年到1935年期间，党内先后出现了三次"左"的错误，分别是以瞿秋白为代表的"左"倾盲动主义、以李立三为代表的"左"倾冒险主义，以王明为代表的"左"倾冒险主义，尤其是第三次以王明为代表的"左"倾错误，历史最长，影响最深，直接导致第五次反围剿的失败，使党、军、革命遭受了巨大的损失，被迫进行战略转移。遵义会议从军事、组织上对"左"倾错误有了一个清算，但还未从思想上对"左"倾错误进行批判。矛盾论就是为了解决这个问题而诞生。毛泽东认识到：把马列主义教条化、共产国际决议和苏联革命经验神圣化，只会导致中国革命的失败，不能机械照搬外国的革命经验，必须把马列主义普遍真理与中国的具体情况相结合。毛泽东坚信："马克思列宁主义的伟大力量，就在于它是和各个国家具体的革命实践相联系的。"。毛泽东在《矛盾论》中，用马列主义的矛盾观点分析了我国的革命斗争经验，并总结出了马克思、列宁等没有提过的观点。毛泽东特别注重对矛盾特殊性的分析，用矛盾特殊性分析中国的社会状况，总结革命斗争的经验、教训。《矛盾论》中的矛盾观点是毛泽东革命斗争经验的总结，他正是亲身实践了这些观点，并用革命实践检验了这些观点的正确性。《矛盾论》也会继续指导中国的革命和建设，它是我党的思想宝库。(2)《矛盾论》批判继承了中国传统辩证法中的许多思想。毛泽东从小酷爱读书，涉猎范围广泛，四书五经、历史人物传记、四大名著、报刊杂志等等都在他的阅读范围之内。他读书尤爱读经典之作，《左传》《尚书》《孟子》《史记》《论语》《礼记》《诗经》《世界堪舆图》《伦理学原理》等。毛泽东在中国传统文化的熏陶下，思维方式也自然受传统文化的影响。在他的《矛盾论》中，很多引用例证、名言警句、成语典故、文学著作都透露出毛泽东受中国传统文化的巨大影响。中华民族是一个富有思辨色彩的民族，两千多年前的春秋战国时期，我国很多哲学家的思想中或著作中都出现了朴素辩证法的萌芽，尤其是老子的矛盾转化思想对后世影响深刻。在《矛盾论》中关于矛盾对立统一、转化的思想，与《周易》、老子的思想中的思想一脉相承，比如吸收了阴阳之道、相反相成、物极必反等对立统一思想。毛泽东对中国哲学史上源远流长的"天不变，道亦不变"的形而上学思想给予了深刻的批判。《矛盾论中》对很多思想的论述富有中华民族的特色。他用中国古代朴素的唯物论和辩证法思想来理解和诠释马克思主义哲学，这就使马克思主义哲学具有了中华民族的形式。当在论述研究问题时，毛泽东指出要想不犯主观性、片面性和表面性的错误，就应"知己知彼，百战不殆"，"兼听则明，偏信则暗"，只有这样才能避免"只见树木，不见森林"。在论及两种宇宙观时，毛泽东指出，形而上学在中国古代亦称玄学，所谓"天不变，道亦不变"，就是形而上学思想的体现。在论述矛盾同一性与斗争性的关系时，毛泽东抓住"相反相成"这一命题，说明和发挥了两者相互依存且相互转化的思想，并上升到唯物辩证法的理论高度。这些都是毛泽东把马克思主义基本原理与中国古代哲学思想有机结合的具体体现。(3)《矛盾论》的语言形象生动、通俗易懂、雅俗共赏，为人们所喜闻乐见。毛泽东在解释对立统一概念时，不是用晦涩难懂的哲学术语去解释，而是借用了中国古代"自相矛盾"的寓言故事，把"矛盾"这一抽象的哲学术语具体化为两个活生生的现实存在物，这正是矛盾普遍性与特殊性关系原理的运用，既使人们更容易地理解了"矛盾"这一抽象的哲学概念，也使人们对矛盾普遍性与特殊性有了进一步的认识。在论述矛盾同一性时，他写道："神话中的许多变化，例如《山海经》中所说的'夸父追日'，《淮南子》中所说的'羿射九日'，《西游记》中所说的孙悟空七十二变和《聊斋志异》中的许多鬼狐变人的故事等，这种神话中所说的矛盾的互相变化，乃是无数复杂的现实矛盾的互相变化对于人们所引起的一种幼稚的、想象的、主观幻想的变化，并不是具体的矛盾所表现出来的具体的变化"。毛泽东为了批判形而上学，借用《水浒传》中"宋江三打祝家庄"的故事以及古希腊传说中的"木马计"两个故事来说明全面分析问题与解决问题的重要性。在论述"宋江三打祝家庄"时，他这样写道："《水浒传》上宋江三打祝家庄，两次都因情况不明，方法不对，打了败仗。后来改变方法，从调查情形入手，于是熟悉了盘陀路，拆散了李家庄、扈家庄和祝家庄的联盟，并且布置了藏在敌人营盘里的伏兵，用了和外国故事中所说木马计相象的方法，第三次就打了胜仗。《水浒传》上有很多唯物辩证法的事例，这个三打祝家庄，算是最好的一个"。在论述内外因辩证关系原理的时候，毛泽东引用了小鸡孵化鸡子的例子，"唯物辩证法认为外因是变化的条件，内因是变化的根据，外因通过内因而起作用。鸡蛋因得适当的温度而变化为鸡子，但温度不能使石头变为鸡子，因为二者的根据是不同的。"这个例子，形象生动，贴近人们生活，容易使哲学通俗化，老少皆宜，雅俗共赏。毛泽东在论述"新事物必然取代旧事物"这一观点时，用"新陈代谢"这个词来解释，指出"新陈代谢是宇宙间普遍的永远不可抗拒的规律。"总而言之，毛泽东引用中国古代神话、典故、小说中的一些经典例子，使马克思主义哲学具有了中华民族自己的风格。综上所述，《矛盾论》是毛泽东把马克思主义矛盾学说与中国革命具体实践、中国传统哲学，中国人民喜闻乐见的形式这三者有机结合起来的一种创造产物。这一创造性产物成为，而且必然成为当之无愧的马克思主义中国话的哲学典范。

第二节　《矛盾论》的科学价值

中国革命实践需要马克思主义哲学的理论指导，而马克思主义哲学指导下的中国革命实践又丰富和发展了马克思主义哲学。因此，《矛盾论》不仅指导了中国革命发展，它还具有恒久的理论价值，在马克思主义哲学史和中国哲学史上都占有重要地位。

《矛盾论》作为一篇唯物辩证法的著作，不是对唯物辩证法一般原理的简单复述，而是马克思列宁主义同中国革命具体实践相结合的产物，突出强调了唯物辩证法的实质和核心，集中论述了矛盾普遍性和特殊性相互联系的科学原理，引导我们在马克思主义一般原理指导下，具体研究中国的特殊国情、中国革命和中国革命战争的特殊规律，据以制定符合中国实际的关于中国革命的理论和策略。在此过程中，毛泽东从许多方面扩展和深化了马克思主义辩证法的内容。第一，毛泽东首次提出关于矛盾问题精髓的科学思想，深化了矛盾普遍性和矛盾特殊性的辩证关系的原理。在深刻分析矛盾普遍性和特殊性的辩证关系之后，毛泽东明确提出了关于矛盾问题精髓的观点。他指出："这一共性个性、绝对相对的道理，是关于事物矛盾的问题的精髓，不懂得它，就等于抛弃了辩证法。"这一论断在马克思主义哲学史上是一个新提法，是对列宁关于辩证法的实质和核心思想的发展，也是中国革命基本经验在哲学上的升华，对于人们的认识和实践活动，具有重要的理论指导意义。第二，毛泽东对矛盾普遍性的科学内涵作了完整的概括和表述。毛泽东以前的马克思主义经典作家，对矛盾普遍性仅仅是从空间角度，即事事有矛盾进行论证；而毛泽东则从时间和空间两个角度加以论述，即时时有矛盾、事事有矛盾，从而丰富了矛盾普遍性的内涵。第三，毛泽东对矛盾特殊性问题作了系统而详尽的阐述。毛泽东概况了抓矛盾特殊性的五个环节：（一）是要注意分析各种物质运动形式或每种事物的矛盾特殊性；

（二）是要注意分析每一物质运动形式或每一事物在其发展长途中每一个过程的矛盾的特殊性；（三）是要注意分析各个发展过程中矛盾各方面的特殊性；（四）是要注意分析事物的同一发展过程中各个阶段的矛盾特殊性；（五）是要注意分析事物在发展阶段中矛盾的各个方面的特殊性。毛泽东从各个运动形式、各个事物、各个过程、各个阶段、各个方面等诸环节或诸因素的有机统一上去分析和把握矛盾的特殊性，这就是矛盾特殊性的诸因素统一观。其基本思想就是：要求人们掌握马克思主义的活的灵魂，对具体情况进行具体分析。英国哲学家康福斯在《辩证唯物主义》一书中指出，毛泽东在《矛盾论》中对矛盾特殊性"这个概念作了现时马克思主义著作中最为完备的探讨"。第四、马克思和恩格斯在分析复杂问题时，重视区别主要的东西和次要的东西、决定性的东西和从属性的东西，有主有从、辩证地处理各方面的关系。但是他们没有使用过主要矛盾、次要矛盾和矛盾主要方面、次要方面这样一些概念。20 世纪 30 年代苏联的哲学教科书中出现了主要矛盾、次要矛盾这样的提法，但这些内容分散地在教科书中叙述，没有作为专门的哲学概念来使用。而毛泽东则是第一次对矛盾不平衡问题进行了系统阐述，把很多概念上升为哲学概念，并对其科学内涵作了明确规定。毛泽东在讲到抓主要矛盾时指出："这是马克思研究资本主义社会告诉我们的方法。列宁和斯大林研究帝国主义和资本主义总危机的时候，列宁和斯大林研究苏联经济的时候，也告诉了这种方法。万千的学问家和实行家，不懂得这种方法，结果如堕烟海，找不到中心，也就找不到解决矛盾的方法"。第五，《矛盾论》为我们党形成、确立了一整套唯物辩证的思想方法、工作方法和领导方法。毛泽东明确提出了一切从实际出发，调查研究，实事求是，群众路线，独立自主，自力更生，理论联系实际，认真总结经验，防止一种倾向掩盖另一种倾向，点面结合，学会"弹钢琴"，善于抓主要矛盾，两条腿走路，化消极因素为积极因素，变坏事为好事，做转化工作，办事留有余地等等方法，都是我们党的思想方法、工作方法和领导方法的重要内容。第六，辩证地肯定了精神对物质、社会意识对社会存在、上层建筑对经济基础的反作用，坚持了物质和精神的辩证统一观。毛泽东在《矛盾论》中论述道："诚然，生产力、实践、经济基础，一般地表现为主要的决定的作用，谁不承认这一点，谁就不是唯物论者。然而，生产关系、理论、上层建筑这些方面，在一定条件之下，又转过来表现其为主要的决定的作用，这也是必须承认的……我们这样说，是否违反了唯物论呢？没有。因为我们承认总的历史发展中是物质的东西决定精神的东西，是社会的存在决定社会的意识；但是同时又承认而且必须承认精神的东西的反作用，社会意识对于社会存在的反作用，上层建筑对于经济基础的反作用。这不是违反唯物论，正是避免了机械唯物论，坚持了辩证唯物论。"这就十分明确地阐明了物质和精神辩证统一的观点。

以上六方面充分表明，毛泽东的矛盾学说对丰富马克思主义的理论宝库作出了积极的贡献。

《矛盾论》还是马克思主义哲学中国化的奠基之作。在《矛盾论》诞生以前，有艾思奇的《大众哲学》以及李达的《社会学大纲》等一些哲学著作。不可否认这些哲学著作在我国历史上产生的影响，但它们大都是苏联教科书翻译过来的结果，距马克思主义哲学中国化还有很长的距离。而《矛盾论》则是马克思主义基本原理与中国实际相结合的产物。一方面，它是对中国革命实践的哲学总结；另一方面，它又是毛泽东运用马克思主义哲学批判继承中国传统哲学的结果，在思想资料和表达形式上都实现了马克思主义哲学的中国化。在《矛盾论》中批判地总结了中国古代《周易》和《老子》这两大朴素辩证法思想，吸收了阴阳之道、相反相成、物极必反等对立统一思想。毛泽东对中国哲学史上源远流长的"天不变，道亦不变"的形而上学思想给予了深刻的马克思主义式批判。除此之外，在论述矛盾思想的时候，毛泽东还善于引用中国历史上的文学著作、成语典故、名言警句等传统智慧结晶来解释哲学原理，这就赋予深奥枯燥的哲学道理以生动活泼的民族形式，使马克思主义哲学获得了浓厚和鲜明的中国特色、中国风格和中国气派。

第三节 《矛盾论》的现实意义

毛泽东的矛盾思想来源于两个方面：一是中国古代的矛盾思想，二是马克思主义的矛盾思想。毛泽东的矛盾思想既批判地继承了中国古代矛盾思想，又是对马克思主义矛盾思想的丰富和发展，指导了中国革命和建设取得了巨大成功。毛泽东的矛盾思想历久弥新，在当代仍具有重要的意义，为中国特色社会主义理论体系中的矛盾思想奠定了理论基础，为中国特色社会主义建设实践提供了哲学依据，更为构建社会主义和谐社会提供了理论指导。

一、为中国特色社会主义理论体系中的矛盾思想奠定了理论基础

《矛盾论》中的对立同一规律为"稳定协调论"奠定了哲学基础。

社会的基本矛盾，即生产力与生产关系、经济基础和上层建筑之间的矛盾，是社会发展的根本动力。任何社会的发展，都是在不断解决这一基本矛盾的过程中得以实现。如今在我们社会主义国家，阶级矛盾虽然已经不是社会的基本矛盾，但并不意味着社会矛盾已经消失。矛盾是普遍存在的，社会主义社会的矛盾主要是人民内部的矛盾，这一矛盾通过改革的方式就可以得到解决。虽然改革不像革命，不会给社会带来巨大的波动，但改革毕竟也是对一些旧的利益关系的调整，也必然会有不稳定、不和谐的潜在因素影响改革的顺利进行。所以要想使改革顺利进行，必须有和谐、稳定、协调的外部环境。因此，邓小平根据矛盾同一性在社会主义社会发展过程中的地位和作用，提出"稳定压倒一切"的论断，稳定是改革和发展的前提，没有稳定和谐的社会环境，改革就无法顺利进行，更谈不上其他各方面的发展。中国从鸦片战争到新中国的成立，经历了100多年的战乱和动荡，所以倍加珍惜当今和平与稳定的社会环境，所以我们必须好好利用当今的和平环境，抓住机遇，迎接挑战，追赶世界潮流。

只有改革不适合生产力发展的旧体制，社会主义社会才能得到充分发展，所以从这个意义上说，改革就是解放生产力和发展生产力。改革要取得成功，就必须有安定团结的政治局面和社会环

境。在《矛盾论》中对立同一规律的基础上，邓小平提出了稳定协调论；江泽民也在《论十二大关系》中，以"改革、发展、稳定"三者的矛盾关系为总纲，论述了涉及改革、发展、稳定的矛盾关系，提出要使矛盾诸方面"相互协调、相互促进"，从而实现"改革、发展、稳定"三者的战略上的统一的方针。

二、为中国特色社会主义建设实践提供了哲学依据

1. 毛泽东的矛盾思想为改革开放提供了哲学依据

在改革开放短短的 30 多年里，我们取得了令世人瞩目的成就。党的十七大报告中指出："我们要永远铭记，改革开放伟大事业，是在以毛泽东为核心的党的第一代中央领导集体创立毛泽东思想，带领全党全国各族人民建立新中国、取得社会主义革命和建设伟大成就以及艰辛探索社会主义建设规律取得宝贵经验的基础上进行的。"在这里我们不难看出，毛泽东矛盾思想为社会主义社会的改革提供了坚实的哲学依据。正像恩格斯所说："马克思的整个世界观不是教义，而是方法。它提出的不是现成的教条，而是进一步研究的出发点，和供这种研究使用的方法。"毛泽东没有经历改革开放，当然也没有给我们的改革开放设计好蓝图，指出具体的做法，但是毛泽东从哲学的高度给我们的改革开放作出了指导，毛泽东的这些思想为新时期社会主义的经济体制和政治体制改革提供了哲学依据。

在《矛盾论》中，毛泽东对内部矛盾和外部矛盾的关系作了具体的阐述："内部矛盾是事物发展的根本动力，外部矛盾是事物发展的条件，外因通过内因起作用，内因对事物的发展起决定作

用，外因对事物的发展起着加速或延缓的作用。"邓小平虽然没有对矛盾思想作过具体的哲学阐述，但却以矛盾思想为指导，进行了改革开放的伟大实践，并且取得了举世瞩目的成就。

内因是根据，所以中国的发展必须把立足点放在国内，自力更生，艰苦奋斗。邓小平对当时的国际局势进行了准确的把握，认为和平与发展已经是时代的主题，世界大战暂时打不起来。基于对这一局势判断的基础上，邓小平把工作重心转移到经济建设上来。并且提出"一个中心，两个基本点"的基本路线，以及"三步走"的发展战略，等等。所有这些政策的提出，都是依据我国的基本国情。我国的基本矛盾是人民群众日益增长的物质文化需求同落后的社会生产之间的矛盾，要解决这一基本矛盾，必须大力发展生产力。为了促进生产力的发展，就要改革不适应生产力发展的经济体制、政治体制等。所以从十一届三中全会召开以来，邓小平首先从农村开始进行经济体制的改革，改革束缚农村生产力发展的旧体制，实行新体制，即家庭联产承包责任制。紧接着，城市也进行了经济体制的改革。主要是对国有企业进行改革，实现政企分开，下放权力，增强企业的自主性和活力。与此同时，我国也进行了政治体制的改革。经过 30 多年的改革，我国的各项发展已经充分证明：发展才是硬道理，改革是发展的动力。

外因是条件，所以我国必须在自力更生的基础上扩大对外开放。当今的世界是开放的世界，中国的发展离不开世界。尤其在经济全球化、经济一体化的今天，任何一个国家都不可能孤立存在。我们必须积极参与全球化的竞争，否则就会处于世界经济发展的劣势，甚至被世界所淘汰。从最早的 4 个经济特区到 14 个沿海开放城市到沿海经济开放区再到沿边、沿江到内陆的开放格局，我国的改革开放形成点、线、面全方位的开放格局。2001年12月11日，中国成功加入世界贸易组织，进一步加大对外开放的力度。通过不断地扩大对外开放，我们可以更好地利用国际和国内两种资源、两个市场，可以积极引进、吸收发达国家的先进技术和管理经验等等。总之，我国只有扩大对外开放，积极参与经济全球化的浪潮，才可能更好地促进自身的发展。

2. 毛泽东矛盾思想为确定我国社会主义初级阶段根本任务提供了哲学依据

要确定我国社会主义初级阶段的根本任务，就必须首先抓住我国现阶段的主要矛盾，只有抓住了主要矛盾，我们才能做到有的放矢，才能解决问题。毛泽东就指出："任何过程如果有多数矛盾存在的话，其中必定有一种是主要的，起着领导的、决定的作用，其他则处于次要和服从的地位。因此，研究任何过程，如果是存在着两个以上矛盾的复杂过程的话，就要用全力找出它的主要矛盾。抓住了这个主要矛盾，一切问题就迎刃而解了。"

所谓社会主义初级阶段，并不是泛指任何国家走上社会主义道路都要经历的一个阶段，而是特指我国生产力落后、商品经济不发达条件下建设社会主义必然要经历的特定阶段，即从1956年社会主义改造基本完成到21世纪中叶社会主义现代化基本实现的整个历史阶段。在这一阶段，社会主义生产力水平还比较低，科学技术水平与民族文化素质还不够高，社会主义制度还不够完善。所以在此阶段，还存在着大量的矛盾，如城乡矛盾、发展速度不同的地区之间的矛盾、富人与贫民之间的矛盾、不同行业之间的矛盾、干群之间的矛盾等。同时，由于境内外还存在着各种敌视社会主义的政治势力，因此阶级矛盾还将在一定范围内长期存在。

我国正处于并将长期处于社会主义初级阶段，人民群众日益增长的物质文化需要同落后的社会生产之间的矛盾是我国的主要矛盾。这个主要矛盾贯穿我国社会主义初级阶段的整个过程和社会生活的各个方面。因此，只有努力发展生产力，生产出更丰富的物质产品和文化产品来满足人民群众日益增长的需要。只有不断提高和满足人民群众生活水平，才能从根本上解决好这个矛盾。邓小平指出："我们的生产力发展水平很低，远远不能满足人民和国家的需要，这就是我们目前时期的主要矛盾，解决这个主要矛盾就是我们的中心任务。""要一心一意搞建设。国家这么大，这么穷，不努力发展生产，日子怎么过？我们人民的生活如此困难，怎么体现出社会主义的优越性？"所以，解决主要矛盾的根本途径是发展生产力，这也是我国社会主义初级阶段根本任务。党的十一届三中全会确立了这一正确路线，就是要集中力量发展社会生产力，以经济建设为中心。各项工作要围绕这个中心展开，而不能干扰和离开这个中心，只有这样才能不断地提高人民的生活水平，增强综合国力，为其他各种社会矛盾的顺利解决创造条件。

三、为构建社会主义和谐社会提供了理论指导

我国的改革与发展正处在关键时期，从广度上讲，改革已涉及经济、政治、文化等所有领域；从深度上讲，改革已触及人们具体的经济利益。经过几十年的努力，我国经济发展不断跃升，经济社会发展进入一个关键时期。这既是一个经济社会发展的黄金时期，也是一个社会矛盾凸显时期，如果能处理好各种矛盾关系，经济就能得到健康持续发展；处理不好，经济将停滞不前甚至倒

退。为避免可能出现的经济社会问题，巩固改革发展的成果，推动经济可持续发展，党中央、国务院高瞻远瞩地提出了构建社会主义和谐社会理论，特别是党的十六届六中全会作出了《中共中央关于构建社会主义和谐社会若干重大问题的决定》，我们要积极维护社会稳定，促进社会和谐，调整社会关系，最大限度地激发社会的创造活力，努力化解诸多问题。

构建和谐社会，并不是说构建一个没有矛盾的社会。矛盾是普遍存在的，因此我们要正视所面对的各种矛盾。正如《中共中央关于构建社会主义和谐社会若干重大问题的决定》所指出的那样：城市和农村之间、东西部区域之间、经济与社会发展很不平衡，人口众多与资源人均不足，环境压力逐步加大；就业、社会保障、收入分配、教育、医疗、住房、安全生产、社会治安等方面的问题都很严峻；国外敌对势力的渗透破坏活动从没停止过，这些都危及国家安全和社会稳定。我们构建和谐社会的过程，就是要正确认识矛盾、解决矛盾的过程，使社会由不和谐走向更加和谐的过程。

在社会主义社会里人和人之间是平等的，社会主义公有制基础上出现的矛盾也就不再是具有强烈对抗性的矛盾，它可以通过大力发展生产力来满足人们的物质和文化需要，通过民主的说服和教育来解决矛盾。这种矛盾的非对抗性，就决定了在社会主义社会构建和谐社会的可能性。毛泽东的矛盾思想不仅是我们构建社会主义和谐社会必然性和可能性的理论指导，还为我们如何构建社会主义和谐社会提供了理论指导。我们要构建和谐社会，就是要正确处理好人民内部矛盾，处理好改革、发展和稳定的关系，实现统筹协调发展，只有这样才能构建成一个民主法治、公平正义、诚信友爱、充满活力、安定有序、人与自然和谐相处的社会。

第四节 《矛盾论》的国际影响

一、《矛盾论》对前苏联、东欧国家的影响

由于深刻的政治原因和高度的意识形态化，使前苏联、东欧各国对毛泽东及其哲学思想的宣传研究和评价形成明显的阶段性，先后出现了两种截然相反的态度，在时间上大致形成了肯定时期、否定时期、后否定时期三个阶段。

在肯定时期，从布哈林到斯大林，由于对中国共产党领导的中国革命的关注和支持，都对毛泽东哲学思想给予了很高的评价。在此前提下，前苏联、东欧理论界对毛泽东哲学思想的研究取得了实质性成果，引导了当时国外毛泽东哲学研究和宣传的方向，形成了国外毛泽东研究的主流。

在 20 世纪 20 年代到 50 年代的肯定时期，在对《矛盾论》的评价和研究中，虽然斯大林曾对关于对立面之间具有同一性的问题持否定态度，但是前苏联还是在《布尔什维克》杂志 1952 年第 9 期、第 11 期上刊登了《矛盾论》，并在介绍《毛泽东选集》第 2 卷俄文本时专门对《矛盾论》作了很高的评价。文章认为，《矛盾论》的主要锋芒是对准教条主义和书呆子气的，对准狭隘的经验主义的。这一著作本身就是理论与实践统一的范例，是中国人民

争取自己解放的多年革命斗争中的理论上的马克思主义的总结，是对于实践与理论的相互关系的独创性的研究。此外，罗森塔尔·尤金编的《简明哲学辞典》和康士坦丁诺夫主编的《苏联哲学百科全书》都对矛盾论给予了充分的肯定。前者指出："必须彻底揭露在党的队伍中散播敌人影响'左'右倾机会主义，并指出反党集团思想基础的全部错误。毛泽东在其哲学著作《实践论》（1937）、《矛盾论》（1937）中完成了这些任务。这两部著作是根据中国历史和中国人民解放战争的具体材料创造性地解决了马克思列宁主义哲学问题的卓越典范。"后者则认为《矛盾论》对于马克思主义哲学思想的发展做出了重大贡献，对于中国共产党人的思想教育起了巨大的作用。

在东欧，前南斯拉夫的普·弗兰尼茨基十分推崇毛泽东的哲学思想，他在 1961 年出版的《马克思主义史》一书中指出：在《实践论》《矛盾论》里，"卓越的辩证法家无与伦比的革命实践家和战略家的思想是明显的。"并且他认为，毛泽东在《矛盾论》中虽然没有严格区分差别、矛盾与对立，而把它们等同起来，但毛泽东很正确地把每一过程看作各种矛盾关系和趋势的联结，从而强调特殊矛盾和主要矛盾的地位由此可见，由于《矛盾论》中的思想是对客观规律的正确反映和总结，所以它得到了前苏联及东欧理论界的肯定并引起了他们的研究兴趣，被前苏联及东欧各国人民普遍认识和接受，推动了前苏联及东欧各国人民更好地理解、捍卫唯物辩证法，更好地反对唯心主义、教条主义和主观主义，从而在行动中更好地坚持理论和实践的统一。

60 年代初开始进入对毛泽东哲学思想的否定时期。这一期间，由于中苏两党在政治上、意识形态上的严重分歧，前苏联、东欧理论界为政治服务而采取了与之前截然相反的态度，对毛泽东及其哲学思想展开了猛烈的批判攻势，进行歪曲、清算、彻底否定。说《矛盾论》对矛盾作了形而上学的理解，对同一性的阐述是彻头彻尾的相对主义，是为分裂党、反对马克思列宁主义作理论准备，进而推翻了先前对《矛盾论》的客观评价和宣传成就。在这里我们可以看出，《矛盾论》对苏联、东欧的影响是随着中国与苏联、东欧关系的变化而变化，受政治和意识形态的影响。

80 年代中期到 80 年代末的"后否定时期"，前苏联、东欧政界和理论界开始正视中国改革和发展，并开始反思过去 20 年对中国、对毛泽东哲学思想研究的非历史、非科学、非理性倾向；开始注意研究毛泽东哲学思想在新时期的发展，前苏联、东欧理论界试图突破僵化的研究模式和思想方法，重新认识毛泽东哲学思想和中国的社会主义。

二、《矛盾论》对日本的影响

二战后的日本既饱受二战失败之痛，又处于美帝国主义占领管制之下，日本人民为了摆脱殖民地的地位，正在进行英勇的斗争。此时，伟大的中华人民共和国的发展，照亮了日本人民的道路，毛泽东思想的真理力量吸引了日本广大人民，因而日本出现了学习、宣传、研究毛泽东哲学思想的热潮。

第一，毛泽东著作在日本得到迅速大量的出版发行，各界群众争先恐后地购买毛泽东著作。其中《矛盾论》和《实践论》的单行本，印数达 30 万册，《矛盾论》在《毛泽东选集》出版之前，1952 年 8 月 71 期《前卫》就全文发表了。

第二，随着毛泽东著作在日本发行，日本很快兴起了多种形式的学习、研究毛泽东思想的活动，其人数之多、积极性之高，学习和宣传形式的丰富多彩，为中日交流史上所罕见。许多日本人，特别是青年人，他们联系日本实际，联系自己工作和思想实际学习毛泽东哲学思想。一位名叫吉田松雄的日本人说："伟大毛泽东的《实践论》《矛盾论》一刻也不离我的身，我相信它对我们日本人民是有极其重大意义的理论武器。"《赤旗报》的一篇文章写道："《毛泽东选集》给予日本进步的工人、农民和学生的影响之大，是不可估量的。"

第三，日本的许多学者对《矛盾论》的理论和实践意义了作了很多深刻的研究。如松村一人在《思想》杂志上连续三期发表了《论毛泽东哲学的意义——以〈矛盾论〉为中心》，评述、介绍毛泽东哲学思想，充分肯定毛泽东哲学思想的意义。他指出："如果不学习毛泽东的著作，我们也就不能充分理解马克思、恩格斯、列宁、斯大林的哲学。"他认为毛泽东哲学"不仅仅是马列主义具体地应用于中国革命的特殊实际，并且有中国民族形式，而且具有国际意义。"松村一人的某些提法在我们今天看来似乎有些不足，但是他在 1952 年就公开发表上述见解，难能可贵。此外，柳田谦十郎也指出："毛泽东写的《矛盾论》所具有的划时代意义，不仅在于它给辩证唯物论的发展历史增添了新的内容，而且还在于它明确地提出了在中国人民斗争的历史发展过程，为什么要由过去国内的阶级斗争转变为与国外的敌人日本帝国主义展开民族斗争的理论根据。"

第四，毛泽东逝世后，毛泽东哲学思想在日本传播的高潮期虽已过去，但正常的结合实际的学习仍在继续。例如，在纪念毛泽

东逝世 10 周年时，日本工人党机关报《人民新报》发表文章号召
党员，特别是年轻同志，"要紧密结合个人实践的经验，精读毛泽
东的《实践论》和《矛盾论》这两部哲学著作，既要肯动脑子，
又要有学习的热情。"文章还说："每当我们在实际工作中遇到困
难，或在思想上有什么烦恼的时候，只要反复认真地学习毛泽东
的著作，就会豁然开朗，使我们得到进步。"一些科学家结合科学
工作学习毛泽东著作，他们十分重视毛泽东哲学著作的世界观和
方法论意义。日本著名科学家坂田昌一说：毛泽东的"《实践论》
和《矛盾论》是经过中国革命考验的卓越的认识论和方法论，对
于科学研究也必然是强有力的武器。"

可见，在很大程度上，《矛盾论》已经深入日本学者和广大人
民群众当中，对他们的学习和生活产生了深刻的影响，已经成为
他们分析问题、解决问题的强大理论武器。

三、《矛盾论》对欧美西方国家的影响

最早把毛泽东不仅作为共产党的领袖和革命战争的领导人，而
且把毛泽东作为思想家、哲学家介绍给欧美的是美国的著名记者
埃德加·斯诺先生。欧美许多人通过他的《红星照耀中国》这本
书了解了毛泽东及其哲学思想，尤其毛泽东的《实践论》和《矛
盾论》在欧美产生了重大影响，引起了许多学者的广泛重视。如
英国哲学家康福斯在他的著作《唯物主义与辩证法》一书的序言
中说："由于中国革命的领导者毛泽东的努力，在马克思主义著作
里增写了伟大的新篇章。"毛泽东的《实践论》《矛盾论》对"马
克思主义作出了重要贡献。"1956 年康福斯出版了经过修改过的俄

文版，在该书中他直接引用《矛盾论》的有 9 处。书中称《矛盾论》对矛盾特殊性"这个概念作了现实马克思主义著作中最为完备的探讨。"1937 年巴黎出版了法文版《实践论》，"法国学者米歇尔·卢瓦在为该书写的前言中指出：《实践论》《矛盾论》是为反对中国党内的教条主义倾向所写的，发展了马克思和列宁的思想；它们和苏联人的著作相比，'有其独到之处'。"美国学者霍勒布尼奇认为，《实践论》和《矛盾论》"不论是从文体还是从哲学的哲学内容方面，同马克思和恩格斯的大多数同样的著作相比，都不见逊色。"

毛泽东哲学思想的真理深深感染了、吸引了、影响了欧美人。他们通过对毛泽东著作的学习，增长了新知识，开辟了新视野，在资本主义意识形态的一统天下牢笼中打开了缺口，呼吸到一股清新的空气。如挪威一位人士说："对我们这些北欧小国的人民来说，毛泽东永远是我们的导师。他教导我们改造社会。我们记得《实践论》和《矛盾论》打开了我们对事物的新认识。"德国共产主义工人联盟声明中指出："毛泽东一直是我们的伟大导师，他的《实践论》和《矛盾论》等著作，在革命的德国共产党内成为教科书，这些著作是我们进行党的建设的指导性著作的一部分。"

四、《矛盾论》对第三世界国家的影响

毛泽东哲学思想在第三世界的传播发展经历了长期的过程，它是随着第三世界人民的民族民主革命的发生发展同时进行的，最先把毛泽东哲学思想传播到这些国家和地区的是革命团体、先进

政党的组织者和领导者。新西兰共产党就曾经出现"在整个党内的各级组织中进行毛泽东的伟大的理论著作《矛盾论》和《实践论》的学习。"中华人民共和国成立后,随着《毛泽东选集》在国外的发行和中国共产党实行的国际共产主义政策,从60年代到70年代,在第三世界形成了购买毛泽东《矛盾论》等哲学著作,学习、研究、评价毛泽东哲学思想,特别是结合各国实际领会、运用毛泽东哲学思想的热潮。一位非洲革命青年甚至写了一篇《读毛主席著作,坐牢也不怕》的文章,来表达对毛泽东哲学思想的执着之情。

第三世界的许多共产党人和进步学者十分重视毛泽东的哲学思想,高度评价《矛盾论》的理论价值及其对马列主义辩证法理论的贡献。《澳大利亚共产党人》杂志发表文章指出:"毛主席是马克思主义的根本世界观的光辉的阐述者和维护者,他是唯物辩证法的伟大的阐述家和实践家之一,达到了经典的水平。他的《实践论》和《矛盾论》属于全面阐述唯物辩证法的最优秀的著作之列。"新西兰共产党总书记威尔科克斯认为,要学习唯物辩证法,最好是学习《矛盾论》,"再也没有比学习毛泽东的伟大著作《矛盾论》有更好的开端。"此外,印度莫汉蒂写的《毛泽东的政治哲学》一书第四章中专门研究了毛泽东辩证法思想,并提出毛泽东唯物辩证法四规律,即"知行统一律、分析律、综合律和特殊律。"作者能在分析《矛盾论》内容时提出的一些独立见解,具有启发性。

历史证明,毛泽东《矛盾论》等哲学著作已经为第三世界人民所认识、所接受,并成为他们争取自由和进步,开展民族民主革命运动的理论武器。印度尼西亚共产党主席迪努·艾地说:"毛泽东同志的著作《实践论》《矛盾论》和 1957 年发表的《关于正确处理人民内部矛盾的问题》，对印度尼西亚共产党学习总结自己的经验和解决党内矛盾有极其重要的意义。"可见，第三世界国家长期以来，无论对毛泽东哲学思想理论上的研究，还是具体实践方面的运用，都取得了重大成就。